U0899058

[老年人的美好时代]

再老也不怕

我的感悟与应对

胡筠若 著

北京出版集团公司
北 京 出 版 社

图书在版编目（CIP）数据

再老也不怕 ：我的感悟与应对 / 胡筠若著. — 北京：北京出版社，2013.5

ISBN 978-7-200-09763-4

Ⅰ. ①再… Ⅱ. ①胡… Ⅲ. ①老年人—人生哲学—通俗读物 Ⅳ. ①B821-49

中国版本图书馆 CIP 数据核字(2013)第 065436 号

再老也不怕

我的感悟与应对

ZAI LAO YE BU PA

胡筠若 著

*

北京出版集团公司
北京出版社 出版

（北京北三环中路 6 号）

邮政编码：100120

网址：www.bph.com.cn

北京出版集团公司总发行

新华书店经销

河北下花园光华印刷有限责任公司印刷

*

850 毫米×1168 毫米 32 开本 7.5 印张 110 千字

2013 年 5 月第 1 版 2013 年 5 月第 1 次印刷

ISBN 978-7-200-09763-4

定价：29.00 元

质量监督电话：010-58572393

瞧！我不怕老

（代序）

这是我的“不怕”系列的第三本书。

2005年年初，作家出版社出版了我的第一本自传体的书——《瞧！我不怕晚》。亲人朋友告诉我，他们爱看，觉得有趣。我的学生们大发感慨：老师不怕晚，学生何所惧！还说，这本书让他们受到很大启发和激励。听到这些夸奖与鼓励的话，我自然深受感动。但我心里明白，大家看上这本书，不是因为我的文笔出众。我深知自己没有过人的天分，不属于那种文采飞扬的人。他们看重和认同的是我文字中所传达的那种人生态度，喜欢我的乐观、进取，带有鲜明个性的“不怕晚”的活法。

接着，我又在“不怕晚”的心劲儿下，从68岁开始，迈开双腿走向了世界。到76岁的8年中，我一连游历了五大洲的38个国家，在世界200多处知名的城镇和景点留下了足迹。我用这段经历写成了第二本书——《瞧！我不怕暮年远游》，此书于2011年

9月由北京出版社出版。书中写的是我走马观花式旅游行程中的小场景、小见闻、小故事以及水平有限的小聪明和小感悟。

我写这些主要是想表达我的一种心迹：老了，也要“不怕”去尝试你可以做的让你心悦的事。人到暮年也要让自己有所追求和变化，活着就要往前走。

年奔八旬，我又写了这第三本“不怕”的书。因为越活我心里好像越多了“不怕”。

有时想想自己，到了六七十岁，才对人生慢慢有所感悟，真算得上是一个愚钝而又“晚熟”的学生了。不过，我自我安慰说，确实是晚了点，但老了还有勇气“成熟”，这也是一个不懈追求优秀的知识分子的良知闪现吧！

在这本书里我写下的是，如何让自己不怕一年老似一年，如何活得更明白、更开阔、更智慧，自己跟自己比有了怎样的进步和变化。其中的许多“说理”，其实是在开导与安顿我自己，是在解决我自己的困惑。我想通过思考升华的写作过程，加深自己对人生的领悟，增加我生命的厚度。

与“说理”的同时，还重点写下了我的“起而行”，这也是本书的一个特色。因为，近些年来，我一直坚持一定要把自己认识到的、想明白的道理，尽可能及时地付诸日常行动。萨特说得好：“行动吧！

在行动的过程中就形成了自身。人是自己行动的结果，此外什么都不是。”在这本书里，我用了不少篇幅说了我日常行动的诸多事例。我的这些主意和做法不一定最好，但毕竟经过了我的实践。我愿与读者分享我的经验。

愿这本小书带给你快乐！

2012年9月于北京市第一社会福利院

目录

Contents

第一部分　老了，我不怕……

第二部分　余生，我要……

第三部分　老来，我才更明白……

第一部分

老了，我不怕……

第一章 我不怕死，要好好活

一、随时准备告别人生

我 60 多岁时父母相继去世，70 岁时老伴病故。我和弟妹们说，这就像是卷心菜，外面的那一层黄叶剥光了，我这个无论在娘家还是婆家都属“绝对大姐”的人，就成了袒露在最外面的那一层老叶了。

我说这话是认真的。我的确做了思想准备，不知哪一天会接到“你该下场了”的通知。因为我明白，我比弟妹们大了一二十岁，按自然规律，我也是排在前头的。

记得前些年阅读法国 16 世纪思想家蒙田的名著《随笔集》时，曾把他说的“要从容不迫地迎接死亡”记在本上。如今是该把这种“从容不迫”化为自己的行动，照他所说“收拾好行装。随时准备和人生告别”的时候了。

于是，我开始仔细地打理起自己“上路”前的“行装”：

首先，我给女儿写下了一份《遗嘱》，把我的“身后事”做了简单交代。

我把家里有限的那点财务资料，如存折、国债券、基金卡、房产证等整理一清，妥当存放。还把基金卡和存折账号抄写下来，放在另外地方，以备万一原件不见，挂失方便。女儿回国探亲，我总要向她们一一说明，还不忘问问她们是否记下了存折密码。我做这些无非是想让我的女儿在妈妈某天离世了，她们不会一时找不到头绪而多费工夫。

近些年我频频出游世界、赴美探亲。每次我出远门离家前都要把家里的钥匙存放在同楼一位好朋友家。而且每次临行前都会把家里各个房间，包括厨房、厕所和阳台收拾得干干净净。因为我知道，人在旅程中出现意外、遭遇不幸并非稀罕之事。既然如此，我做好这种“万一”的准备，就可以让我家的大门不至于因我不在而打不开。同时，也要让我的亲人和朋友看到一个我活在世上时原模原样的生活场景。

我趁着自己记忆力不差的时候，把两个女儿从孩提时照下的相片和底片分别放入相册并做了背景说明。把四口之家以往历年的留影经挑选按年月加注解摆放入册。还把女儿出国后寄回来的一封封家书和卡片按时间编号存放。她们的人生还长，我要把这些以后会成为她们亲切怀念的文字影像整理得好好的，算是我这个有文化的妈妈晚年牵挂女儿的一点心意。

平日里，我不怕说死，不在意碰到和死有关的不吉利的事情或数字。日常起居生活之中，不忌讳谈论“我死了如何如何”。因为口无禁忌、心无疑虑，所以，死神阴影好像很少搭理我。

二、不怕面对无法给自己倒计时的死

前边说的这些所谓“行装”准备，是我老来领悟天地之苍茫，明白了人活着就是一个向着死亡的存在，故而有的并不回避“死”的通达。

我曾两次到被称为“哲学与艺术之乡”的德国旅游。在那里，不止一次见到教堂的墙壁或墓地的石碑上刻着一左一右或一上一下的两个希腊字母：第一个字母 A 和最后一个字母 Ω（欧米加）。它形象地昭示着：人，有生必有死；宇宙万物，有始必有终。自然和人类都无法逃避开始和结束的轮回。所有的生物都要死去，而个体的死亡正是群体进化的条件。

生，来自偶然；死，却是必然。这偶然的到来和必然的归去，都是我们自己力所不能及的。《摩耶经》中有一节谈到，人生的旅程就是“步步近死地”。一天一天、一步一步接近死亡，这就是人生的真相。人终有一死，这条自然规律谁也躲不开。不管你乐意不乐意，都毫不客气地让你受纳。也不管你是否准备好，有一天一切都会结束。你收藏的物件都将留给别人。你的财富、名望和权力，都不再重要。你的希望、雄心、计划和未竟之事都将终止。面对死亡，一切将烟消云散。

尤其令人无奈的是，生命本身有不堪一击的脆弱。

就生物界来说，生存是个几率，每分钟都可能出现意外。一只动物早上出去觅食，没有把握它今天是否可以平安回到窝中。人的生命也是充满了挑战和变数。对于老年人来说，活过一天，就算赢了一天。

记得我祖母年老时常挂在嘴上的一句话就是“今晚脱下鞋和袜，不知明朝可再穿”。这和《涅槃经》里说的“人命之不息过于山水。今虽存而明日难知”。这些话说的都是一个意思：“死亡是必然的，可死期不明。”

人到晚年，往往对这种期限不明的死有种本能的恐惧。所以我体会“老了，不怕死”实际就是要面对这个不知何时何地会光顾自己的“明朝”“明日”。就是不怕接受这份来日无多、离死亡越来越近，却又无法给自己“倒计时”的无奈。

死神可以随时把你带走，人们难以预料自己的死期和死的方式，这就是人的共同命运。

在我活过的这七十多年里，曾经历了与祖父、祖母、父亲、母亲和丈夫的生离死别。一次次饱尝了送别亲人的痛苦。在感慨那些消逝的岁月和留不住的人时，心中顿悟，既然生老病死，人莫能外，这自然而至的死亡并不可怕，其实就是你去赴亲人间的聚会啊！

再想想，我还需要那么在意自己能够长寿与否吗？人生苦短，活在人世间的时间有限。或许少于其他人，或许多于其他人，但绝非不朽。在这生命的起点和终点不过咫尺之间，相对而论，真是差不多呀！正如费孝通有言："生死无常，人寿有限，寄寓于此人生逆旅之时，久暂相差不远。"

当我想到昨天还和我一起迎接日出的某位亲友，今天已不复存在，我在为自己的幸存而感谢上苍之时，也告诫自己，一切都是不确定的，只有死才是确定的，死亡给了每个人以最为平等的机会。面对人人都必须承受却又无法预测的生死大限，你应泰然自若，平静地顺其自然吧！

其实，如若换一个角度来看，便会感到上苍不让人知道自己确切的死期，实在是对人的厚爱。这将使人减少对于生命流转无常的忧惧，好像浓雾弥漫的天气行走在万仞峰巅之上，因看不见深不可测的峡谷反倒身心坦然。如果一个人能准确地预知自己永别人间的具体时间，恐怕头三五年就要准备后事，半年前就寝食不安，一个月前就每日以泪洗面了。这样不但害苦了自己，也害苦了亲人和朋友，结果是一个人的死拖累得大家都不得安生。而死神骤然临降、不及防范，让死者和生者都缩短了被情感折磨的时间，大家便都无可奈何地接受了一个不愿接受又不能改变的事实。

古希腊哲人伊壁鸠鲁关于死亡说过一段非常精彩的

话。年轻时不太懂，老来才渐渐明白了他对“不怕死”的认识有多么深刻、多么高超！他说：“你要习惯于相信死亡是一件和我们毫不相干的事，因为一切善恶吉凶都在感觉中，而死亡不过是感觉的丧失。因为这个缘故，正确地认识到死亡与我们无干，便使我们对于人生有死这件事愉快起来，这种认识并不是给人生增加无尽的时间，而是把我们从对于不死的渴望中解放了出来。一个人如果正确地了解到终止生存并没有什么可怕，对于他而言，活着也就没有什么可怕的……所以一切恶中最可怕的——死亡——对于我们是无足轻重的，因为当我们存在时，死亡对于我们还没有来，而当死亡时，我们已经不在了。”

一位西方哲人说过，“有些老年人被死的恐惧所折磨，克服这种恐惧的最好办法是使你的兴趣逐渐扩大，越来越超出个人之外，最终你的自我之墙将一点一点后退，你的生命将越来越和宇宙生命融合在一起，和大海汇合在一起而毫无痛苦地失去它单独的存在。”这段话是从更高的层次上对“不怕死”的诠释。他让人们打开自己心灵的堤坝，融入溪流，汇入大江，奔腾入海！

三、我写好了遗嘱

2004 年年底在我即将 70 岁生日时，写了一份《我的遗嘱》，算是送自己的一件别致的生日礼物。

两个女儿看后都红了眼圈，一时不知说什么才好。我当时笑着问她们："你们不觉得吗？妈妈正是面对了死亡，才有了这份从容，才有心思要好好活呀！"

的确，下面这番人生谢幕的话，反映了我不怕死的心态，也是我对生、对死、对生命无常的感悟。

我的遗嘱——留给我最亲爱的女儿

1. 请你们让我在生命的最后阶段保持尊严。如果已经断定我的身体基本无可救药，这时，一定不要为了让我多活一两年、几个月或几天而让医生做什么手术。不要去治疗行将就木的身躯，一定别做什么开膛破肚、放化疗、输血点滴之类。缠绵病榻、身上插满各种管子，实际在加深和延长我与亲人的痛苦。如果疼痛难忍，你们无须顾及其他，就请医生尽可能用止痛药或打吗啡，切切！

我一生的阳寿已经不短。20多岁死到临头，老天硬是把我拉了回来，还给了我后边这么多年的美好光阴。我不该再多贪时日，只求临终时尽量精精神神，不给亲人朋友和医生添太多麻烦。

当然，别忘了火化后如有可能要保留下那些救我性命，曾在我胸膛里待了半个多世纪的塑料球，它们应当比骨灰更有保存价值。

总之，我希望死得不那么痛苦、不那么难看。到死也能保持尊严。

2. 不要为我举行追悼会。我不希望别人为我这个寻常人述说生平。其实，许多夸奖我的动听的话，在我活着的日子里已经听了不少。而且，我的生平已经用行动写进了我生命的轨迹，用文字写在了我自传体的书里。既然“我的名字写在水上”，生命将随浪花而逝，又何必搅扰众人呢！

不要为我难过。我曾在祖国20世纪生活了大半辈子，还有幸赶上了21世纪的好日子。我人生的两头——童年、少年和改革开放后的晚年都过上了富足而又开心的生活。全球许多知名的城市和景点留下过我的足迹，世界上多少美味的食品我也都品尝过了。再想到，我一生拥有过人生难得俱全的亲情、爱情和友情。尤其是有你们姐妹俩，和我分享了人生之旅，使我作为一个女人的存在具有了完整的意义。我的晚年，因为你们事业有成而有了更高的生活质量。闭上眼睛真是了无缺憾了。在我人生舞台闭幕之时，应该可以心满意足地由座位上站起来，说一声这是一出好戏而走开了。

回顾我这一辈子所走过的一站站风雨晴露，想起上天对我的恩惠和亲人朋友的顾爱，我让自己在活着的时候，就要保持一种自觉，对人要常存感激之心，让“谢谢”之声与我生命共存！

不过，举行个低调的遗体告别仪式之类，我想可能还有必要。这样做不为别的，是为我的学生和朋友。

我当过30年的老师和班主任。我曾是学生们喜欢的大朋友，是他们中一些人心目中的主心骨。

有的因为几次知心谈话或毕业时的考学指导，或尽心帮助安排就业，为使他们释疑解惑，促成他们命运的改善。尽管现在想想在自己做教师的那些年，有些事情做得还不够尽如人意。但我忠诚教育事业，在自己的工作岗位上确实倾注心血善待了我这些小朋友。如今，他们长大了，变老了，应当让他们有机会再看一眼他们年少时曾经信赖无比的胡老师，别让他们为“没能诀别”而心存遗憾。

3. 这些年来，我多少有些积蓄。我和你爸早就说好，把这点钱和方庄买下的住房，由你们姐妹平分。你们出国、结婚时，爸妈没钱做更多表示，现在就算了却点心愿吧。

方庄家中遗物，全部由你们俩自行处理。

妈妈

写于 2004 年年底

四、满怀耐心地呵护生命

（一）　我把自己的安康时时放在心上

熟悉我的人都知道，我活得可是极为认真的。凡有益于身心健康的事，只要不是像“文革”那样顾不上命的非常时期，我从来都是舍得花时间，不怕费心思，大大方方花钱的。

特别是上了年纪后，我对自己的安康更是呵护有加。请看：

- 我每天坚持锻炼身体。早晨做自编的体操。晚上外出快步行走一小时，风雨无阻、绝不马虎。
- 认真安排日常饮食、吃健康食品。
- 根据我研究“健康教育”时的多种资料并参考新推出的有关说法，精选出营养保健品，每日定时补充。
- 坚持良好的生活习惯，注意吸取适合自己的保健措施。
- 买书、看书，让心智不断长进。
- 趁腿脚尚好，走出国门周游世界，开阔眼界，陶冶情操。

此外，我还格外谨慎小心地规避无谓的冒险，在可能想到和能够控制的情况下避开危险、减少不安全因素。

例如：

- 我每晚雷打不动的散步都有固定路线。对所经之处，哪里路有沟坎，哪处常在地上放置浇花水管，哪条道上车辆多且时有逆行……我都记在心间。行走时不让自己分神想事，要随时注意脚下。就是在社区内无机动车过往的便道上，我也不随便从路的一边过到另一边，一定先回头看好，确认远处没有自行车驶来再过去。
- 在卫生间洗澡，时刻小心防滑。而且不把门从里边关死，以防万一有事，外边人也好及时营救。
- 在厨房煮饭烧水一定守在灶旁。晚上临睡前也不忘检查厨房的燃气开关。
- 在腿脚有毛病时，出门一定打车，保证安全。
- 为避免做过填球手术的身体过多负重，每次外出旅行放进提箱中的衣物我都要精选再三、斤斤计较。旅游中也不随便购物，不让行李多加分量。
- 为减少外出旅游的风险，我每次出行，一要选有信誉的大旅行社，二要讲究合适的季节。如我几次去欧洲，主要都是在每年的 9 月下旬到 10 月中旬，而去北欧和俄罗斯则选了一年中最热的 7 月底到 8 月中。我到非洲则是在年底的 11 月、12 月去的。赶上这样的“旅游旺季”不仅风景宜人，而且一般说，此时此地不是各种自然灾害大闹腾的季节。

（二）　耐心的理由

若问，你反复声称自己不怕死，为何又如此这般地惜命、怕事？

其实，不怕死并非消极等死，越是面对了“死”，才对“活”有更深的感知和眷恋。而吸引我如此耐心地活着，主要是因为这世上有人想念我，有人需要我。我的耐心理由有三：

1. 为我的女儿

“妈妈就是家”。我活着，我的两个女儿在北京就有个家，就有妈妈在等她俩。这在她们的生命历程中真是最重要不过了。当她们的爸爸去世以后，我好像突然意识到，如今剩下我一个人，更要认真照顾自己，争取多活一点时日，也好多陪她们一程。而且要好好活，尽心提高自己的生存质量，以争取在这段陪女儿的牵肠挂肚之中少些麻烦、多些美好。

2. 为我的亲人和朋友

当我的弟弟、妹妹、学生和朋友向我倾诉衷肠，当我感觉出他们乐意听我说话、喜欢看我写的书，把我当成可信赖的姐姐、师长和知心朋友时，我的内心总会生出一种“我活着有用”的感动。这份激情唤发起的是良性循环——你越是让自己“老了也要有所进步”，你“有用”的反馈也会自然而来。这为我善待自己的生命又添加了动力。

为这世上爱我的人和我爱的人，为被人需要而活在世上，这是多么吸引人的理由啊！

3. 为上天赐给我的“大命”

这是一条我独有的特殊理由。我年轻时曾几次三番逃脱死神的召唤，之后祸祸福福活到了晚年。我理应以感恩之心对老天厚爱赐给我的“大命”更懂得珍惜。

我说自己命“大”绝非夸张。因为我至少有3次该死而没死。

20世纪50年代初，我19岁那年被确诊为“两侧重度肺结核”而住了院。治疗期间，医生用了当时可能提供的药物和各种物理疗法。可3年过去疗效甚微，病灶不见吸收，痰里仍然带菌。身边的病友，有的出了院，有的干脆进了太平间。可我穿着病号服，在被隔离的医院围墙里，像被判了无期徒刑的囚犯，没个盼头。

医生跟我一样心急。既然内科已经没有了招数，就决定把我转送到刚刚新建的北京市结核病医院（现安贞医院）外科病房治疗。

当时肺病的外科治疗，主要有两种。一种办法是“肺叶摘除法”。医生与驻院的苏联胸外科专家反复会诊，认为这种方法不适合我。另一种办法是“切肋骨”。这种手术是在掀起人的肩胛骨后，切掉若干根肋骨。术后人的胸部会有明显塌陷变形。而大夫们实在下不了决心向一个二十岁刚出头的花季女孩开这样的刀。他们一致说，再等等、再等等。

不久，机会真的来了。经卫生部批准，医院试用了一种由罗马尼亚“进口”专治空洞型病灶的手术。它的设计与众不同，是从侧面撑开肋骨，用手术刀将肺叶上的深度病灶刮净，然后把药物直接注入肺部。

第一次与死神擦肩而过——医生临时休假

到1956年8月初，我排上号时，前面已经做了一批人。我兴高采烈地觉得自己有了希望。记得星期四是手术日，星期三上午我就做备皮了。即把上半身的汗毛全部仔细刮干净，涂上酒精，用纱布缠好备用。

可万万没想到的是，这天午饭前，主任医生傅大夫突然匆匆来到病房。看着我犹犹豫豫、欲言又止，最后终于说：“真对不起，你明天的手术做不成了。”为什么，为什么呀？原来，上午院党委通知傅大夫，北京市卫生局刚刚给结核病医院下来了一个暑假去北戴河休养的名额，医院决定让傅大夫去，明天动身。傅大夫说，他一再向院方解释，明天有手术，让别人去为好，可院方不同意。他无可奈何地向我道歉。我的眼泪一下子涌了上来，像挨了当头一棒怔在那里。但是，我到底是个肺烂而心好的女孩，我知道，这个休假对这位台湾籍外科医生有多么的难得。我缓了缓神，强忍着眼泪对傅大夫说：“您去休假吧。等您回来一定第一个给我做呀！”他一离开病房，我就趴在床上痛哭起来。自打住院以来，我从来没有这样伤心过，以往种种的痛苦与失望一齐涌上心头，我不明白，命运为什么这样跟我过不去？从未有过的心酸难过，使我觉得自己是世界上最倒霉的人。

第二次被死神“拒签”——停电

半个月后，傅大夫回来了。星期四的手术应当是万事俱备、十拿九稳的了。不想就在星期三上午九点多钟，我正准备做“备皮”时，医院接到电业局的通知：明天停电。手术又一次告吹。

后来又因记不清的什么缘故，手术一拖再拖。结果这时，试验治疗出现了险情。最先那批做过这种“刮肺”手术的病人一一出了问题，手术刮完的伤口，根本不像预期的那样长出新的组织，因而肺叶开始溃烂，刀口也不愈合。记得当时只要路过一位病友所住的单人病房时，就能闻到一股像烂肉似的臭味。听护士说，从他开刀的左侧伤口似乎能看到他的心脏跳动。

实验失败了，这些病友都没有躲过患痨病而走上不归路的命运。知情人纷纷说我捡了一条命。我也暗自庆幸，居然两次三番从那列生命短程列车上被打发了下来。

第三次从黑名单中划下——失败实验中的幸存者

之后，到 1957 年初，卫生部批准在北京同仁医院和结核病医院试用一种从日本引进的“塑料球填充术”。适用于肺部空洞型病人。医生事先明白交代，此种手术痛苦大，术后人的体力活动要受很大限制，对治疗也并无很大把握，云云。但在我，面对眼前的茫茫无期，这些都无关紧要，我已无所顾忌，一心只想抓住哪怕是一线生机。于是，欣然签字，静候手术。

说到“塑料球填充术”的原意，简单讲，是用若干个乒乓球大小的塑料球置于胸腔，形成外力压挤肺部，以利空洞愈合，因此并不准备让球久留体内，预计过个半年左右，就把这些完成了任务的塑料球们再经手术取出来。可国内外的实验都没等到这一步，体内的这些异族就开始发难了。有人高烧不退，有人疼痛难忍，医生发现原来是球在胸腔里引发肌体感染发炎了，还有的是某个不安分的球随便挪了地方，从肋骨膜里蹿了出来。别无商量，只能立即开刀取球。于是，大夫们对我们这些身上的塑料球尚未闹事的手术者大加警示，叮嘱我们千万别惹它们。说绝对不能大量运动，不能提水桶，不能抬重物，不能……反正只要带着球就永远不能做体力劳动。

实验结果很快证明，将大量异物置于胸腔的方法是不成功的。卫生部宣布停止实验。这时候，两家医院大约总共做了八九十例手术。后来知道，这些人中绝少有成功者。跟我同屋的大辫子姑娘小王、隔壁病友肖姐、另一岁数大些的男性病友都是与我同期做的手术，他们去世的消息，我是确知的。据结核病医院复查追踪，到 1966 年“文化大革命”前，这批病人已大多死亡。

改革开放以来，我曾通过多种渠道一心想要找到早年做过填球手术的幸存病友，但至今没有任何消息。估计我多半已属“孤家寡人”了。算来也是，当时做手术的那批人里我是年纪最小的。经过半个多世纪的风风雨雨，即使未遭手术厄运，能活到七老八十也够不容易的了。

想想那些和我做过同样手术而过早离世的病友，我非但没死还安然长寿，感谢上苍，我太幸运了。在感到无比庆幸和满足的同时，我觉得，我最应当懂得感恩，而且理应多一些坚强、多一些勇气、多一些忍耐来善待自己这条也算稀罕的“带球”之命！

五、珍惜已到生命杯底的光阴

出生与死亡由不得人，但两者之间的生命过程我们可以把握。李敖说：“上帝管两头，我管中间。”全然一副大路朝天，各走一边，我的地盘我做主的神态。调侃中尽显人生豪迈。

而所谓这两者中间的生命过程，说到底，无非是逐渐支出几十年时间的过程。

一个人出生后，拥有些什么呢？瑞士人在为孩子填写户籍卡上“财产状况”一栏时，写的都是“时间”一词。他们认为，对一个人，尤其是对一个刚出生的孩子来说，他们拥有的财富，除时间以外，再不会有其他的东西。

当代著名学者季羡林说：“印度人是聪明的，他们把时间和死亡视为一物，梵文 hāla，既是‘时间’，又是‘死亡’或‘死神’。”一个人享有“时间”是活，没有

“时间”就是死了。这位对生死大彻大悟的季老感慨道：“‘一寸光阴不可轻’，朱子这句话对我这个年过九十的老头子也是适用的。”

所以，好好活着就是当生命在我们手里的时候好好地把握时间。

（一）对时间“上心”是我的习惯

我对时间的“上心”，是从简记“时间账”开始的。

1982年我刚从学校调到北京市西城区教育教学研究中心，觉得最大的变化是，以往在学校每天从早到晚总被一大堆常规工作推着走，而如今则空前地多出了自己支配的时间。我想，应当做个记录，看自己到底把每天的时间都派了什么用场。

我用活页纸设计了一张极为简单的“月表”，每天在一小行的地方填写上当天的主要活动项目。到年底，我又画了张“年表”，设有3个栏目：“身体状况”“学习与写作”“大事及其他”，把每月这3方面的情况摘要填写进去。

这样一年过后，12张月表加1张年表“盘点”下来，自己365天里，时间的主要“支出”与“收入”，一下就了然纸上了。

同时，我还有个爱记纸条的习惯。把要办的事，无论工作、学习、购物、家事、交往，想到了当即一一写在纸上，与每日要填写的月表放在一块。做好了哪项顺手划掉，全部完成后纸条作废。

如今这一份天天记的“时间账”又伴随我过了十多年的退休生活，成为我老来“要好好活”的一大见证。

说来这天天写条填表，记记画画，实为举手之劳，每次不过花上个把分钟，最多写下几十个小字而已。不想一经坚持，如今30年过去，这项小小“投入”，竟生“零存整取”之效。连本带利算下来，还真收益不少，最主要一条是，经心时间，让我做事“高效”。

尽管每日的记录只不过写那么一行字，却让我天天要对自己“已做了什么”过一下脑子。而随手在纸上写下的事项，又让我心里惦记着自己“要做什么”。久而久之，对时间的经心和对“任务”的有数，使自己做事的心态有了很大变化：该办的事我不再想躲想拖；该启动的事也很少有发懵的时候。

我发现，生活里一旦少了犹豫与耽搁，人就变得格外明快、主动，无形中多出了有效行动。

我知道，人们珍惜时间并不一定都得像我这样填表记账、写写画画。但我对自己这种珍惜如水时光的心态以及“想着时间、细记流年”的活法始终感觉充实、得意。

（二）老来更懂珍惜时间

随着年过古稀，我更感到了时间在我已经为时不多的日子里的分量。我在记账看表中感知着自己的生命，也每每受到提醒：你要寻求每一天的充实，活着就要把握时间，好好用它。

不过，真能做到这点，谈何容易。

打开电脑，网上引人的信息，让你挪不开眼神。一坐在电脑前，这时间就呼呼地淌过了。

午餐、晚餐时总要打开电视，说是吃看并举，不耽误工夫。可那一集连一集的连续剧、传奇故事、养生指导、人物访谈，让人忘了时间。只想看出个结果，不肯“半途而废”。弄得没了午休，取消了晚间例行的散步健身。

喜欢做“数独”。像小孩玩游戏机一样，只要上手就不想放下。

当我觉察到生活中这些“不妥之举”频频发生且有愈演愈烈之势时，断然采取了控制措施：

不上网。为了彻底杜绝这个费我眼力的活动，索性来个“极左”：关闭电脑，让它长期休假。

看电视要有节制。除非想好了准备花时间看的节目，平时，开电视不能超过两小时。不允许自己随便没完没了地看连续剧，弄得全然让电视牵着走，而没了自己。

“数独”我已经玩过好几年，也算过足了瘾。虽然，它不属低级趣味，但对这如此占我时间的爱好，坚决割舍。一题不做，再不沾边。

现在，这几条除看电视这项有时坚持得稍差点以外，别的都能做到。尽管不用电脑、不上网，让我成了一个不入流的土老帽。可我心里对自己特别满意，也没想要劝说别人学我的落伍。

我之所以能够如此坚决地行事，是因为我想明白了一个道理：人老了，也不能任性。自我克制应当伴随终生。

当我以“严要求”的心态来克制自己的任性时，收获的就不仅是掌握了时间，还体会到，原来“与己奋斗”其乐无穷啊！

康德说：“自由不是想干什么就干什么，而是想不干什么就有能力不干什么。”

按这位哲学家的说法，我的“乐”是因为有能力管住了自己，从而获得了一种自由——我没有失掉自己。

有人问一位名家，“你认为信息时代最大的特点是什么?”回答说：“对时间和空间的充分利用。”

我以此鼓励自己，有生之年要把“充分利用时间”，放在心上，融入生活。

六、好好活，就要有所仰视

在非洲肯尼亚旅游时，每天的日程几乎都是乘坐小型跑车，在国家自然保护区里去追踪野生动物的足迹。团友们个个睁大了双眼，紧盯着一望无际的热带荒蛮的远方。一当有所发现，大家欢呼相告，赶紧站起来打开天窗准备摄影。

在这被海明威称为“野生动物天堂”的肯尼亚，徜徉于自然保护区的广袤天地中，人们既不能频繁遇到野生动物群，也很难有跟它们近距离接近的机会。旅游者一般只能隔着大老远影影绰绰地捕捉它们的身影。

这次旅游，在与野生动物群的邂逅中，给我留下了虽然模糊，但却特点分明的影像，这就是无论时间早晚，不管身在何方，它们时时刻刻都在低头觅食，无一例外。

当我回来整理这些旅游照片时，又一次看到这全然一样的“低头”身影，不由心生感悟并告诫自己：人生在世绝不能只顾低头觅食，那样就会矮化得像动物一样。人，总要有所仰望，要向着高处，支撑起自己的灵魂，体现生命的尊严。

我体会，作为一个人的所谓“好好活”，其有别于动物的就是，一定不能每天除了在固定时间将一份食物吞入腹中以及为这份食物而操心劳力之外，别无精神世界的渴望与追求。

因为，人类生命的意义不仅是活着，不停地呼吸，不停地吃喝，从出生到死亡，从摇篮到坟墓这样一个活着的过程。人的精神是生命的精髓，生命的核心是灵魂。平常岁月里每一步行走都是由它来做出决定的。

每个人的生命只有一次，善待生命是一种责任，也是一种智慧。我们需要有关生命和心灵等人本身最重要问题的智慧。作为一个普通人，假如没有人生智慧的指引，就会对自己的生命采取一种不负责任的态度。一个人缺乏精神上的向往，是不会活得有质量的。

回顾自己的人生经历，大多数时间里似乎还有“仰视”的自觉。打小，身边大人常说的“人活一口气”，就印在了我童年的记忆中。到了刚懂事的年龄，我的父亲因为抗日，被日本宪兵队抓进了监狱，一押就是5年，直到抗日战争胜利才获得自由。那些年，要雪家仇国耻，始终是深藏于我幼小心灵中的一股激情。

15岁时北京解放。在红旗下，《钢铁是怎样炼成的》主人公保尔·柯察金的名言：“人的一生不能因碌碌无为而羞耻……”伴我一路成长。入团、入党，“为实现共产主义而奋斗终身”是我年轻时坚定不移的人生目标。之后，经历“文革”十年浩劫，青春年华也已不复存在。那时节，活着似乎一时没有了“仰视”。

不想，40多岁时有幸赶上了改革开放的盛世，我没有让自己陷于“年届半百”之无奈，而满怀激情地迎接了时来运转。

但是，已经活到了古稀之年，此时如有仰视，它该是些什么呢？我想，这就是让自己生活中仍然有所追求、有所企盼。要追求精神上的富有，企盼自己获得更高点的心智，更宽点的眼光，来打量这五彩的世界。

我知道，坚韧地有神采地活着有时比死更需要勇气和智慧。因为退化是很容易在不知不觉中发生的。每天重复同样的事情，没有任何收获，没有学习的快乐和领悟的惊喜，人的头脑会逐渐变得萎缩、迟钝和褊狭。

我不能让自己拒绝变化、不再探索外面世界的精彩，不能丧失灵魂深处对真情的感动与对伟大的崇拜。否则，生命就会变成一潭绿锈浮生，不再流动的水，躯体虽存，而灵魂已死。

所以，我要趁自己脑子还好使，眼睛还能看，决不停止学习和领悟，不让自己在变老中处于封闭和猥琐的生活状态。要像林语堂说的那样，“现在我只有一种兴趣，即是要知道人生多些——已往的和现在的”。

我相信，不管多大年纪，人只要有追求，就会因为心有期待而兴奋起来，生活也会因此而多了兴致和活力。

在说到本章“不怕死，要好好活”的话题时，我想起作家毕淑敏的比喻，她说：“生命和死亡，是我们人生的两个翅膀，你只有都思索了，才能飞翔。”

我将不断思索与领悟，让自己尽可能作飞翔状。

七、“扔东西”是我准备“告别人生”的演练

我年近半百时赶上了改革开放。在庆幸自己时来运转之初，就开始有心改变年轻时那种“除了全心全意为革命工作，别的你都不应该多想”的活法，而让自己在“高效工作，有所贡献”的同时，从物质和精神两方面感受变化，享受生活。

我把这些年观念上的变化和一些具体做法，写进了前几年出版的《瞧！我不怕晚》这本书里。

没想到，书中最后一章“活有特色20年”，特别是其中“清理家居”一节，最引读者注目。包括男士、女士、老的、少的，几乎都对我在这里说的“扔东西”反应强

烈，觉得有意思。直到几年以后的今天，还常有熟人联系自家处理物件的情况，与我探讨，发表感慨。

要说也是，在以往长期物质匮缺、不讲消费的日子里，人们是不兴随便“扔东西”的。当时我在“人与物关系”上的一些观念和大扔特扔的做法，确实显得有点各别，也有点新意。

而当我如今年过古稀，意识到自己活在这世上的时间已经越来越少，并切实做起了告别人生的准备之时，我对“扔东西”就更有了新的感悟。

现在，当朋友们和我说起清理家居的话题时，我不再像以往那样一味强调“这纯粹是‘以我为本’的事。最要紧的是：扔了要让你自己心里觉得高兴才好。不然，就留着甭扔”。而是改为建议他，不妨试试看，因为“动手清理的过程，有可能带给你新的感触”。

我说这话确实有自己的切身感受。

比如，一次，我剪脚趾甲时不小心划破了脚皮，出血结了痂，弄得我在第二天例行的晚间散步时，每迈一步都觉得脚疼。所以，当晚只走了不到平时一半的路就草草收腿回了家。再联想两年前因为膝关节发病出不了门的情形，一下子对鞋的“有用期”有了新的想法。

原来，这鞋于我有用的时间，并非是我活着没死，而是我的腿脚尚未失灵，是我身上各个部件没出大毛病，让我还能出门走路的时候啊！

这么一想，处理起鞋来，手下就爽快多了。

我先把一直没舍得上脚的两双新鞋拿出来放在门厅过道的鞋架上备用。这是一年前小女儿从美国带回来的，我因为脚上的鞋都是半新的，就没打算穿。这回我想，别留着藏着了，哪天一不留神摔个跟头，出不了屋，这新鞋就可能见不着天日了。

接着，摆出了以往筛选留下来的十来双鞋。说难听点，这些鞋到死都穿不完。既然明知派不上用场，那还有什么舍不得扔呢？况且，处理出去，能有机会被别人穿用，也算是物尽其用吧！

心一硬，只留下了两双全新的皮鞋和一双旅游鞋，别的一律放在外边，准备处理。

还有一次，在我筛选以往留存的觉得有用的文章资料时，翻到一份韩国博士写的有关易经的论文。这是1993年我参加一次国际会议时的资料。十几年后的今天，我再次翻阅这份论文时，不由得想到：若不是细做清理，怎么可能动用早已忘记了的这份“有用”材料呢。也就是说，即使“有用”，若封存起来，也只能是被淹没，成为“没有用”。

而我正是在一次次的动手清理中，对自己以往定下的“于我有用者留，多余者弃”的家居清理标准，有了新的视角。这就是：第一，“有用”并非以死前为期。我还活着，并且有一定的活动能力，才是我享用财物的有效期限。第二，“有用”之中存在程度之分。第三，“有用”的东西必须享用，否则等同“没用”。

于是，我的“扔东西”就有了升级版。其中，对书本的“精兵简政”最能反映我在这方面的新觉悟，并成了我“扔东西”升级版里重要的一景。

其实，经过以往一次次的清理，如今我的书房里存书之少，看起来已经有点不像是知识分子的房间了。所以，我这次按新标准再次清理时，应当说，工作量并不大。

我把所有书本先做“粗筛”，把心里不存犹豫、肯定不打算要的挑出来，放在一边。然后，把留下来的一本一本加以掂量，将其按“有用”的程度分为“一级留用”“二级留用”“永久留存”3种情况分别摆放。

所谓“一级留用”，指的是以往认真读过，书中插有纸条、画有符号，当时曾很看重，且颇觉有趣的，其中多属中外名家名作。

而在我的存书中，还有相当一部分，和“一级留用”的情况相似，但比较起来，在引我阅读的积极性上稍逊于前者，我把它们放在了“二级留用”类里。

属“永久留存”，包括四类书物。一是字典工具类，如《中国大百科全书》《辞海》《汉代汉语词典》等。二是我所喜爱的中外经典名著，如《鲁迅全集》《红楼梦》《战争与和平》《九三年》等。三是我自己以往出版的著述，基本是退休前与业务有关的书。四是我这些年环球旅游积存下来的一系列相册以及与旅游有关的地图、画册等。

同时，还想到，这书的摆放位置也应当有点讲究。要把重点的书籍放在显眼的地方，有利于抬头可见、伸手可取。

于是，我把“一级留用”的书以及常用的词典，摆放在了我右手肘边的书架上。看看几十本重点书籍抛头露面于阳光明媚的书桌前，我这心里也不由多了一份喜气。

我的旅游相册及有关的资料本来是放在书柜里的。这次摆放时就想，如果地方再宽敞一点，可以把我的十几大本相册一一摆开，想看哪国的，随手可取，该有多好。干吗不换个新的呢？眼前这个服务了多年，上下柜门都已出了毛病的老资格“三优”牌书柜处理了也罢！再说了，我还有多少年月能享用新书柜呢？这么一想，当天下午就从书堆里走出，带上皮尺，直奔离我家不远的家具城了。当即选了一款满意的，5 天后一台加宽加高的新书柜摆在了书房里。

在此之前，请来了同楼好友，把旧书柜收容到他家里，与以往我送给他们的几个书柜就伴去了。

新书柜的上层摆了《中国大百科全书》之类的工具书。下边三层全部被我一系列国内国外的相片册和旅游资料占得满满的。所以，“永久留存”类的中外经典名著等，就进不了书柜了。我把它们放在了手边大书架的最高两层。这些纯属为我的“惜书情结”而留下的书，一年到头都不会被翻动，索性让它们高高在上，充当压书架的摆设，挺好！

“二级留用”的书最占地方。我把它们通通放在一个六层大书架里。一、二、三层为中文书，四、五、六层为外文书和译成中文的外国作者的著作。

我设想，书若有灵，一级留用者会想，自己终于被主人确认了“身份”，即将受到重用了。二级留用者则会庆幸，到底被列入明处，有了被惠顾的希望。永久留存者会为自己被尊被爱而安心颐养天年了。

清理书本告一段落，我环视上下四周摆列有序的书们，它们像是本本都各得其所，个个对我尽司其职，顿时感到自己大有面南为王的气概！

大量占有，这是满足，而放手扔弃，则是潇洒。不扔东西，能感知到如此这般的开心和自得吗？

若问，你为什么把“扔东西”跟“准备告别人生”连在一起呢？这是因为我明白了，有所失乃人生的正常现象，没有一样东西能永远真正地归你占有。我们离开这个世界时，“物”的东西一样都带不走。

其实，我们每个人天天都处在无可挽回的有所失之中，包括迟早要失去自己最宝贵的生命，以及随之失去人生过程中所得到的一切。

因此，我体会，扔了东西，不仅是多出了空间、享受简单生活，它的意义还在于，放下包袱，轻装前进，超然物外。要一步一步走，一步一步扔，让自己在主动的有所失之中习惯于失去。

以这样的认识，我在入住养老院 4 个月之后，又做了一次清理家居。我已年奔八旬，而且想好了，养老院就是我的最终归宿，从此再也不准备回方庄家里居住了。所以，我这次的“扔东西”是实打实地做着准备“告别人生”的演练。

我发现，当我真的下了处理东西的狠心时，这事就变得简单了。我把全部相册、“一级留用”的书籍和为数不多的衣物等拿到养老院，其余一律列入编外，准备处理。当我看到一位朋友高高兴兴取走我整理出的12大包衣物时，我心里不由得意：这件本来要在我身后由女儿收拾的事，我自己可是先动手了！我的“不怕死”够地道的吧！

第二章

我不怕老，珍惜夕阳之光

我这里所说的“不怕老”，指的是不怕接受随“老”而来的种种特有变化，是对这个谁都躲不开的“老”持积极的心态，有自己的应对之方。

一、把年老的自己当成朋友

（一） 接受朋友老来的“不良变化”

想来，人能走过几十年的风雨旅程，步入生活安定、不愁吃穿的晚年，实在是一种福气。

不过，在享受这种福气的同时，谁也摆脱不了随老而来的限制和多方面的不如意，比如，父母故去、老伴离世。在身体方面，眼花耳聋、牙齿松动、腰弯背驼、腿脚不灵、记性不好、精神不济等。尽管每个人在哪些方面，某种程度上与这些沾上边的情况有所不同，但失去年轻时的诸多如意则是必定的。

对于这个不期而至的变化，我们会很自然地感叹人生之凄然与活着的无奈。

可是，深想想，其实这人的一生全然是一串变动的组合啊。3 岁不同于 5 岁，7 岁与 10 岁有别，50 岁的人即使是明星美人也不可能光亮如初。到了 70 岁你就不必梦想再有青春靓丽了。

要服从改变，欣然接受变化才是。

在我近年来阅读的书籍中，澳大利亚作家格里夫撰写的几本漫画摄影集是最让我喜爱并放在手边经常翻阅的。其中有一幅画令人过目不忘，每每翻到这页我都会情不自禁地会心微笑。

画面是一只小鸡钻进蛋壳露出小小脑袋，作破壳欲出状，下面有一句点题的话："这的确很蠢，因为你只能年轻一次。"

真要佩服作者的智慧，他只用了这幅简单而有趣的画面和一句富有哲理性的话，启示人们：应当还历史以真实，还生命以过程。

正如蒙田所说："没有任何理由让青春超越自己的界限来陪伴我。"装嫩想找回失去的韶华，这的确很蠢。

人生每个阶段都有每个阶段的特征。人到老年，身体必然出现衰老变化，这是共同的命运。活着就必须学会接受不可避免的衰退，就让我们心平气和地承认，早年的那些风华已经不属于自己了。

我还想，与其抱怨这、抱怨那，不如换个角度，让自己在不如意中找点安慰。比如，我的听力很差。早年因为治肺病打针太多严重损伤了耳朵，老了更加退化。我就想，无论如何还能有些听力，总比全聋了强。再说了，这并不耽误太多的事。而且聋点，少受干扰，还容易集中注意力呢！近些年，我每次外出旅游，都先把自己只有半残耳朵的事告诉团友和领队。这样不仅在大巴车上可以理直气壮，身坐前排听清导游解说，还免得人家跟我说话我没反应而失礼。

又比如，看见自己周围的老人眼睛不灵，没法看书了，或者腿脚有病、拄棍坐轮椅了，我就赶紧告慰自己“别为天天离不了老花镜而嫌麻烦了，你的眼睛真够对得起你了！”“别不满意时不时跟你闹事的腿脚吧，要是没有它们的尽力成全，你能一次次想出国远游，就能拔腿走吗？”

（二）欣赏朋友老来的“优势”

像世间的事物都有两面性一样，暮年来临，并非只有失去和说不尽的不如意。人们之所以把老年阶段形容为“夕阳无限好”，说的就是这近黄昏的满天晚霞，给人间映出了特有的光彩与境界。

老人，因阅历丰富、人生智慧多有积累，往往对人情更通晓，对世事更包容。有了对得失的潇洒心态。懂得什么值得珍惜，什么不必当真，什么可以付之一笑。生命的秋季，知道生命的极限，更懂得感恩和满足，就像夕阳看上去有些柔弱，但她温和、慈祥、博爱、厚重，非骄阳所能企及。

老年阶段还多了自由。这也是伴随这个阶段而来的特有的“优惠”。

一位老年作家 Ken Morris 写道：“我喜欢年老，它给了我自由”“我感觉我活出了理想中的自我”“我见过太多的朋友过早地离开了这个世界，还没有来得及安心享受这伴随年老而来的宝贵的自由”。

我理解她所说的自由主要指的是精神方面。人的心理空间大了，对人对己都少了苛刻、多了宽容。因摆脱了种种束缚而感觉到自由自在、精神舒展。

而老人与社会之间关系上的变化是老年阶段获有自由的特殊背景。

人到暮年，他在社会上的业务已经解除，他不再需要证明什么，不必等待社会的评价和追求对自己的认可。用不着再匆匆赶往某个目标而担心会错过什么。既然已经不在前台，何须再顾及观众的喝彩？这从某种意义上，意味着他不再需要社会这个舞台，而当人没有了社会对他的羁绊以后，就解除了紧张，而获得了最大的解放，即可回归到孩子般的纯真，自由地为自己而活。

如果说“处在什么位置，就在什么位置寻找意义”，是一种积极的人生态度，那我就选择看重自己老来的成熟，珍惜自己一生终结前的这份自由。我要懂得欣赏老者的优势，尽情享受这人世给老者独有的优惠。

（三）像对朋友一样善待年老的自己

经过岁月的打磨，年过七旬以来，我成了我自己的朋友。当我渐渐把年老的自己当成朋友的时候，我就把“她”身上原来有的和老来新加上的一切好的、坏的、长处、短处通通接受，还不忘常以欣赏的眼光看待“她”身上独有的个性和特殊。

尽管我对“她”的一些想法、表现等，也常有不满意的时候或看不上眼的地方，但我坚持了对朋友又爱又帮的态度，同“她”好好相处。

首先是理解。当你想到任何问题的出现无不事出有因时，你对她在心态上无形中就会多了宽容和谅解。

其次是提醒。既然真心关爱朋友，就必须做必要的提醒。促她反思，帮她对自己要有要求、有克制，不能自我纵容，不能让弱点与毛病任意发展、自由膨胀。

再次是信任。相信她能接受你的好意、听进你的意见。相信她有自省能力、肯于自我更新，不会越老越糊涂。

最后，要对她多方照顾，让她觉得老来跟了你没吃亏。

我以为，“把年老的自己当成朋友”是我没有“白老”的主要收获，也是我“不怕老”的一个应对之方。

二、今天总年轻

（一）　和别人比

我有两位早年在医院结识的病友，近些年来我们时有联系。两人中一位比我大 8 岁，一位大 7 岁。每次见面他们仍然不改口地喊我“小胡”还不算，谈话间还总是非常自然地随口就说“你还年轻”。而且，这种说法还不容你置疑。

同样，我有几位原来北京女一中的同事。大家经常互相打电话问好。我也比这几位大了七八岁。每当她们说到自己现在年过六旬，太老了，已经与……无缘时，我总会发自内心地说：“比起我，你们才 6 字当头，还年轻呢！”

而当我 50 多岁的几个学生说自己“老了”的时候，我立刻就会跟他们急起来。因为在我眼里，5 字当头的人简直太年轻了。

生活中人们这些判断给我以极大的启示：年龄大小、老或不老，本来就是有相对性的。同样是我，这七八岁的差距，却比出了“还年轻”和“不年轻”的两样说法。

（二）　和自己比

如若再拿自己跟自己比一比，就对这年轻的相对性看得更明白了。

大家都有这样的经验：当你翻看几年前的照片时，总会发出“那时多年轻啊”的感叹。

自己与自己比，过多少年后，每一个人都会觉得那时的自己是多么年轻。而人只要活着，就有明天。明天的你看今天的自己，总会发出当初多年轻的感慨。

于是我就想，为什么不让“今天总年轻”这种乐观无比的好情绪即使在我不翻往日相册的时候也能常存心间呢？为什么不懂得自己现在的年龄正是好时候而让自己总要留恋昨日的年轻呢？

罗马政治家加图在80岁的时候，开始学习希腊文。朋友们不理解，对他说：“希腊文难极了，要很长时间才能掌握，你应该在年轻的时候学它。”而加图却笑着指了指自己的胡子说：“可是，你们看，现在是我剩下的生命里最年轻的时候啊！”

我想好了，我不怕“老”，我要趁现在“还年轻”，积极面对，享受自己现在的年龄！

拥有什么就品尝什么吧，我以为这是聪明的选择。

三、学习养老的艺术

（一） 警惕身心分离

1. 保持健康的心理状态

对人体健康威胁最大的莫过于不良的情绪和恶劣的心境。人，作为一个整体，其心理健康和身体健康是不可分割的。在一定意义上还可以说，心理因素的重要性超过了生理因素。身体上的疾病很多是由心理因素引起的。在这方面，中医认为，人的七情如果过于波动或波动持续过久，会使阴阳失调，气血不和，经络堵塞，脏腑功能紊乱，而引起各种疾病。

从中医的观点，把人的发怒视为最伤肝脏的心绪。因为人发怒，即生气时，真有肝气生出来往上冲。身体会立即调整内分泌，处于战斗的预备阶段。而一但状况消除，这些调动而投入的资源就成了废物，必须花费力气将其消除，所以生气是非常浪费身体的血气能量的。严重的暴怒，会造成肝内出血或吐血，即吐出肝里的血。若留在肝内将形成血瘤。

而且，即使生闷气以及无处发的窝囊气，也会气出病来。因为这些气在胸腹腔中形成中医所谓横逆的气滞，会造成十二指肠溃疡、胃溃疡甚或胃出血。

生气让人肝热，反过来，肝热也会让人更爱生气，两者互为因果而形成恶性循环。与此相类似的还有，悲伤肺，肺伤了更容易悲（说到这点不由让人想起《红楼梦》里那位患肺病、终日眼泪涟涟的悲情少女林黛玉）。同样，忧伤脾，脾伤了更容易忧，等等。

有人做过实验，直接验证了“生气放毒”的说法。用两只小空瓶，分别放入同一个人心绪正常和生气时呼出来的气，然后放进数只小飞虫。只见前者瓶中小虫照常飞动，而后者的瓶中小虫们都被毒得不能动弹。

西医对人的心理与生理之间的联系同样重视。认为心理的异常变化如过分激动（包括喜怒哀乐等）会使大脑皮层产生过度兴奋，从而使神经系统紊乱，导致循环系统、呼吸系统、免疫系统等机能失去平衡，而引起人身体的系列病变。

据专家统计，现代大城市一般门诊就医的病例中，60%以上的病人易伴有心理疾病或由心理疾病而导致的生理疾病，以至于整个医疗事业如不从“生物医学模式”向“生物—心理—社会模式”转变，就不可能从根本上完成医疗事业的使命。为此，联合国世界卫生组织提出了“健康的一半是心理健康”的响亮口号。

2. 心灵与身体无时不在“对话”中

现代科学特别是医学的进步，让我们对自己体内心与身之间的关系有了更多的了解。例如：科学研究告诉我们，人脑可以分泌一种使人产生快感的被称为β－内啡肽的荷尔蒙，也称“脑内吗啡”。当人精神愉悦或处于冥想状态时，脑内就会大量分泌这种激素。此时人的心情会愈加舒畅，精力旺盛、思维敏捷，自身免疫力也明显增强。联想历代高僧为什么大都健康长寿，可能与他们长期修身养性、心平气和，客观上善于利用其“脑内吗啡”有直接关系。

同时，脑内还存在一种与“脑内吗啡”作用相反的化学物质，名为去甲肾上腺素的荷尔蒙，这种激素有剧毒，因其毒性相似于自然界中的蛇毒，被称为“脑内蛇毒”。人的精神如若长期处于恐惧、忧虑或恼怒状态时，“脑内蛇毒”会大量分泌出来，由此人患癌症、脑中风的可能性比正常状态下多出几十倍上百倍，还会加速衰老，甚至早逝。

另一项关于水的研究更让我们懂得了心灵美好具有怎样非凡的力量。日本学者江本胜博士在他撰写的《水知道答案》一书中图文并茂地介绍了他的水实验，证明了人的思想及情感是可以改变水分子的结构的。这是首次由科学实验证明出思想的力量，可以改变我们体内与周遭的世界。

自1994年起，江本胜博士便从各种水源中采取水样本，再冻结水样本中的若干水滴，然后在显微镜下观察它们，并拍摄存证。首先他采取了日本某个纯净水源进行了实验，所拍摄的照片显示出美丽的结晶形状。接着又以附近受到污染的河水重复进行了同样的实验步骤，得到的结晶图案不但污浊肮脏，而且也没什么美丽形状可言。之后，他请教堂里的牧师为这个受到污染的水样本祈祷，并重复了此项实验，令人惊讶的是，这次出现了另一个美丽的结晶图案。这些实验被重复做了许多次，得到的结果都是一样的，说明水能听懂人的语言。

接着他做了“水听音乐”的实验。结果古典音乐总是让水分子里呈现出美丽工整的结晶形态，像贝多芬、莫扎特、肖邦的作品使水的结晶漂亮得惊人。而放在充满愤怒与反抗色彩的重金属摇滚乐下的水，其分子结晶就变成凌乱而破碎至极。

让水读文字的实验更是令人称奇。他在纸条上写了一些字，然后贴在装有水的玻璃容器上，再观察瓶内水分子的变化。结果贴“谢谢”的出现的是美丽的六角形，而贴上“浑蛋”的则破碎而零散。写“让我们做吧”，结晶整齐，写“一定要做”的则无法形成结晶。

为了验证水的读字能力，他曾用了日文、中文、德文三种文字分别贴过“爱”“谢谢”这类肯定的话，而不论哪种文字，每次看到的都是美丽细致的结晶形态。他甚至用了“甘地”“特蕾莎修女”“希特勒”这些人的名字做过实验，肯定与否定所产生的结果导致水分子的变化产生出全然不同的形态。

江本胜博士在经过多次实验之后，发现最具肯定力量的思想组合是“爱”与“感恩”。

虽然江本胜有关水的特别是“水读文字”的实验在学术界存有争议，但我认为他上述关于水的科学实验和对人脑的深入研究是想说明，我们的“心”与“身”总是在不停地对话之中的。我们心灵所思考的会由抽象的观念性的心理因素而“物质化”地作用于我们的身体。这个理念还是很有意思的。“心灵思考”“心理状态”的差异对人体确实具有极大的影响。

所以，生活中不论遇到多么让你为难、不顺心的事，只要采取积极、向前看的心态，占你体内 70% 的水的结晶形态都不会扭曲变形，脑内也会分泌出对身体有益的荷尔蒙。而不论人所处的环境多么优越，只要心存怒怨、憎恨，脑内就分泌出对身体有害的物质。

人体精神与躯体的这种相互依存、相互影响的道理告诉我们，要想健康活着，就要主动地自觉地让自己的心与身尽量多地保持良好的“对话”，就要让我们的思想与感情永远保持肯定，心中长存善念与感恩，长存爱与祝福！

我在读过这本《水知道答案》后，在案头写上了这样两句话来激励自己：

要用积极的念头和感恩的心来净化体内的水，

要向自己周围的人和事发出富含肯定和赞美的信息

健康的心理就是我们生命的太阳，这一轮太阳有时是我们自己能够升降的。

（二）　不怕动 不贪懒

人都有惰性。人的一生需要不断自我激励，克服懒惰。尤其人老了，更容易犯懒。如果不注意，就会因为这样那样的原因，找出这样那样的借口，而选择不动——不动身子，不动脑子。

而“大凡生命之体，少用则废退，多用则兴发”，自古以来，人们就认识到这个“生命就是运动”的道理。“身体不运动就像机器不上油，慢慢会发出惊人的怪声，然后等待报废”。这种比喻也很贴切。

依我的体会，让自己的身体经常运动，这事难也不难，活动几天或一阵子不难，而长期坚持决不中断则需要一个克服惰性的过程。

我从 1977 年夏天开始，晚饭后用 40 多分钟的时间外出散步健身，至今已经 30 多年。周围人常夸我，说能如此长时间地坚持散步实在有毅力，而我自己则明白这“毅力”纯粹是一点点磨出来的。

散步谁都会，快步行走对健身的好处也尽人皆知。所以，这件事一点也不难。其实就是一个坚持，一个无条件的坚持简单重复的问题。

刮风下雨了，出不出去？天太晚了，要不要走？有点不想动，还出门吗？等等。而做到不找借口、不讲条件，只要不遇特殊情况就坚决出去走。这实际上是一个锻炼意志、自我要求的过程，是一种积极的生活态度，是一个既炼身也炼心的事情。

现在我已经记不清有多少次夏日里撑伞蹚水、冬日里顶风踏雪去散步了。反正天气绝挡不住我要出去的两条腿。

回想这些年中，我也常因种种原因有犯懒的时候，当我冒出“要不今天就算了”的想法时，我总这样劝自己“不管怎样，只出去换一下空气就回来”。可真一出去，惰性就算克服，走又坚持下来了。就这样，开始坚持每周不少于三次，每次起码走 40 分钟。天长日久，一次一次下来，慢慢我就没有了犹豫，习惯了走的选择，天天都想走，不走难受，真的习惯成了自然。如今已经如同每天吃饭要花时间一样，觉得这晚间的走路是我生活中不可缺少的内容。

退休后，我把散步时间加长到一小时，每天早餐前又加练了几节自编的室内早操。十几年下来，对身体健康也多有裨益。练操这事又一次让我体会，要想让身体动起来，非跟自己的懒得动较劲不可。我编这套早操是想除了每天运动腿脚以外，还要让身体其他部位也能定时运动一下。因为事实告诉我们，动物和人类的进步都遵循着一条共同的规律：身体上使用较少的部位会越来越萎缩笨拙；使用较多的部位会越来越发达灵敏。

可是到了早晨洗完脸该做操的时候，却常出现“不想做”的念头。特别是头天晚上没睡好觉，就更多了赖过去的理由。每逢这时，我还是用老办法劝自己说，“就稍动一动，只做前几节”，实际上，一当开始动了，这操也就做到底了。

而谈到动脑子，我则很少有发懒的时候。这可能和我以往的经历有关。在学校教书以及后来从事教育科研工作等，我都是在自己缺乏科班出身功底的情况下起步的。要想干成点事，只能靠自己比别人分外勤勉，靠自学积累提高。再一个让我脑子从来没闲过的项目就是外语学习。最早是50年代生肺病住院期间，我就下大功夫自学过俄文笔译。后来又因工作需要自学过英文。因爱好外语，自学过日文、法文和世界语。这些年，虽然没有一“文”学出名堂，除了英文还记得多点，其他只剩下能说“你好”和

“再见”了。可是我这脑子因此从未断过记、背、想的磨炼，我的大脑体操一直练得不错。

老来，我又多了时间，可以自由地翻书、看报、写东西，脑子更是闲不住。勤于动脑，让我晚年记忆力基本保持良好。思维推理能力也没有退化的感觉。所以，我相信科学家们的有关论断，如：神经生物学家的研究认为，老年人脑细胞虽然减少，却非大量死亡。英国神经生理学家科斯塞利斯和米勒，经研究得出了这样的结论：人的大脑受训练越少，衰老也就越快。他们认为，人的脑子紧张工作开始得越早、持续的时间越长，脑细胞的老化过程也就越慢。

总之，我遵循“用进废退”的生物学规律，已深得动身体动脑子的好处。余年，我仍将一如既往和自己的惰性做斗争并把勤动当成养老的艺术。

（三） 让自己忙得没时间老

电影艺术家张瑞芳 80 多岁时曾说，她每天都很忙，忙得没时间老。忙，是她养老生活的主旋律。

人们忙的内容因人而异。但不管是谁，忙起自己喜欢的事，肯定就没有了太多心思去追忆或悔恨过去，也没有更多的时间去为将来忧虑。这实际上是在促人“拥有什么就品尝什么”，从而谱成了老年生活中“天天因忙而快乐，日日为快乐而忙”的和谐曲调。

我从 61 岁过上退休生活以后，于自觉不自觉中开始唱起这支“忙而忘老”的歌。十几年来，先是忙做健康教育课题，忙搞抗艾滋等项目以及为此而忙于学习英文。慢慢地撤出这些公务后，我的活动内容就改为旅游、读书、哼唱老歌、撰文会友等。又是每天不得空闲，在忙中忘了老。

读书是多么让我快乐而忘老的事啊！“读书有味身忘老”，宋代大诗人陆游早就说过这话啊！

抽时间哼唱老歌也是我的忙事之一。我从手头收集到的多本歌曲集中选录了七八十首上世纪20年代至50年代我熟悉的中外名歌，把它们单张抄好，分类排放。这些歌曾伴我走过童年、少年和青年岁月。哼着这些歌像是和忠诚的老朋友相聚。

“长亭外，古道边，芳草碧连天，晚风拂柳笛声残，夕阳山外山。天之涯，地之角，知交半零落，一觚浊酒尽余欢，今宵别梦寒。”这首美国奥德威作曲、李叔同配词的《送别》是60多年前我上小学时音乐课上老师教我们唱的歌。它代表了一个时代，唤起了我一段记忆。还有《天伦歌》《渔光曲》《夜半歌声》《秋水伊人》，外国歌曲舒伯特的《鳟鱼》、德沃夏克《母亲教我唱的歌》、格林卡《北方的星》等等，都是以往喜欢的歌曲。每次哼唱这些老歌，心里都觉得甜美无比。真是“乘着歌声的翅膀，永远不会寂寞”！

这些年，在我的忙中最占时间和精力的莫过于出国旅游了。

前人提倡“读万卷书，行万里路”。这些年，我在读书（不到万卷）与走路（超过万里）之中，体会到这也是养老的艺术，它带给我的是心胸的开阔，是忙得没时间老！

四、我不放弃“拨慢衰老时钟”的努力

（一） 老人要有 “抗衰老” 的意识

衰老和死亡这种生命现象乃生物学之法则、宇宙之规律。大自然早已把它写入我们的基因，任何人无法逃避。所谓“永远健康”“长生不老”，只不过是人们的一种美好祝愿与梦想。

所以，我们说的“抗衰老”并非想要永不变老、长生不死。实际上，我们也真没有那么多的智慧来享受过长的人生。

而且，也不是企求随年龄的增长，脸上不添皱纹，头发不白、不掉，牙齿毫不松动，身量一点不变。

“抗衰老”所要争取的是尽量避免“沉船般的老年”——各种功能都已衰竭，在植物状态下苟活。或像莎士比亚笔下描述的，“一种长寿的惩罚；为70岁而烦恼——没有牙齿，没有头发，什么都没有。”

具体地说，抗衰老的目标是：躲避过早的灾难性的衰老，推迟诸多老年疾病的起步和缩短疾病缠身的时间，让

晚年的生活能够尽可能享有生命活力（心智敏捷、身体功能比较健全），直到临终前的最后时刻。

牛津大学老年临床医学教授约翰·格里姆莱说，“我们追求的人生应该是‘活得长，死得快’”。

总之，当老人头脑里有了“衰老是可以抗一抗而让它来得晚一点缓一点”的观念以后，就会不再任凭自己的身体朽化失效而坐视不管，就会在衰老速度、存活时间，特别是活着的质量等方面产生有所争取的意识。

（二）“抗衰老”的理论和策略令人鼓舞

那么，人们这种着眼于延长人的“健康寿命”的追求和理想有没有实现的可能呢？值得欣慰的是，在延缓衰老进程的探索中，许多理论和方法已经给我们提供了令人振奋的前景。

研究证实，人的生命虽然有限，但衰老是可以延缓的。人的衰老速度和存活时间能够调控，并且在很大程度上可以由自己来控制。

支持这一结论并被当今世界众多科学家所承认和看重的是从细胞的分子生物状态来解开衰老之谜的“自由基理论”。

对于老年人来说，知道有关这方面的基本观点，肯定是十分有益的。

十几年前，我在研究“健康教育”时，曾广泛涉猎过有关延缓衰老的文献报告和书籍。下面对“自由基理论”

的简介，主要是根据美国 Jean Carper 所著《延缓衰老》一书并参考其他有关资料综合而成。

1. 抗衰老的“自由基理论”

1954 年美国医学博士哈曼提出“自由基理论”。其大意是：当我们体内细胞受到一种叫自由基（也称游离基）的化学粒子不断破坏性的冲击时，衰老便发生了。对此，我们可以从以下几方面来理解：

第一，氧气是问题的关键

人活着片刻都离不开吸进氧气。生命力量的本源存在于细胞中微小的能量工厂——线粒体中。是它燃烧着几乎所有人体所吸入的氧气，这个氧气燃烧的过程使我们的生命得以延续并充满活力。但同时这个过程会释放出一种被称为氧气自由基的副产品。这种东西具有双重特性：一方面，它保证了人的生存，比如，当身体开始与传染疾病的物质进行斗争的时候，体内便会释放出大量的自由基迅速有效地杀灭“入侵者”。另一方面，自由基会打破身体固有的平衡状态，它们攻击细胞使细胞中的脂肪变质，令蛋白质锈化、刺穿细胞膜并破坏基因密码，最后使整个细胞功能失调失去抗争力而死去。这些由吸氧而必然产生的自由基以保护者和破坏者的双重角色在体内活动着，它们是引起衰老的强大力量。

除此之外，人体还会将原本存在于体外的自由基引入体内，这更加速了迈向死亡的步伐。吸烟会使身体注满自由基，环境污染也会产生这个后果。总之，在人的一生当中，会不断地受到内部和外部的既保护又毁坏身体的自由基的攻击。没有它们我们无法存活，但当它们穷凶极恶地为非作歹时，它们会使我们过早地衰老，并最终快速地死去。

第二，细胞中的化学故事

从化学理论上说，所谓“自由基”是一种缺少一个电子的简单分子。为了保持平衡，自由基总要不顾一切地企图从周围的分子身上攫取一个电子或者丢弃那个不成对的电子。在这个过程中，它会造成对其他分子的伤害，如果自由基侵犯的是细胞中的脂肪，会破坏细胞膜并使细胞分解。如果遇到了蛋白质，自由基会抛弃一个电子，从而破坏蛋白质的工作能力。当自由基碰上基因物质 DNA 时，特别是当它遇到被称为细胞中的微型能量工厂线粒体的时候，会引起这些物质的变异而功能丧失。时间一长，自由基的战利品便是人的患病和衰老。

第三，人体年老的尴尬

对于如恐怖分子一样总在伺机攻击细胞的自由基，人体并非毫无抵抗力而屈服。人体中存在着由各种酶和叫作“抗氧化物”的物质所组成的防御工事。如果自由基是残害身体的“暴徒”，那么抗氧化物便是保障安全的“警力”，它们的化学特性能够减轻自由基的杀伤力。它们的作用是阻止过剩自由基的生成，消灭自由基并修补由其造成的广泛而可怕的破坏。举例说，人体每天大约有数以万亿计的氧气分子通过每个细胞，这样，每个细胞中的基因或 DNA 将受到大约 10 万次的自由基的攻击。令人欣慰的是，担任保卫工作的抗氧化酶会主动地剪裁和修复基因，消除大约99%至99.9%的损坏。但是，问题在于，即使经过了上述的修补过程，每天仍会增加 1000 个左右的难以复原的创伤，而且这些创伤每时每刻都在无情地积累着。因此，当我们年迈的时候，每个细胞中都将存在着几百万个氧气所造成的伤口。

根据大自然的法则，随着时间的推移，对夺去我们青春活力的自由基的抵抗将越来越困难。具体地说，当一个人年迈时，体内会发生两个重要的生命变化，一是引起细胞损坏的自由基在体内的化学反应会戏剧般地加速，二是体内与生俱来的修复由自由基所造成的损坏的能力，即身体解毒系统的功能逐渐降低，这意味着，当你老了的时候，越来越多的细胞损坏在体内积聚，衰老也在加速。

因此，人在年老之后将不可避免地处于一种尴尬的境地，正当你需要更多的抵御自由基损坏的力量时，身体中的这种力量却正在衰弱。

2. 抗衰老的策略——补充足够的抗氧化物

根据“自由基理论”，由自由基这种缺少一个电子的简单分子所引起的人体加速衰老是能够被阻止、干预和修复的。其策略就是：补充足够的抗氧化物。

衰老是一种抗氧化物的缺乏症，是一种疾病。人的生命历程正是自由基的氧化危害在细胞中积累的历程。大约80%至90%的老年病都与自由基的活跃有关。所以，当我们摄取更多的抗氧化物来不断向血流中充灌时，细胞中就会获得中和了的自由基。或者由此刺激体内产生抗衰老酶、荷尔蒙、氨基酸和其他防卫物质的能力，帮助人的身体细胞免受自由基的攻击，有效地抵御疾病和延缓衰老。

如何使人体细胞中充满大量的抗氧化物便具有了重要的意义。在不产生毒副作用的限度内，这种能够保护细胞脆弱的外膜、蛋白质和基因性 DNA 的物质在人体中的含量越高，自由基施展其破坏作用的能力也就越低。

关于给身体补充抗氧化物的途径，专家们给了我们3条建议：

第一，从日常食物中摄取抗氧化物。

从年轻到年老你每天都吃什么？这个问题对你的生存、健康、衰老和长寿有着深刻和持久的影响。食物是进入身体细胞的复杂的化学制剂，在人体内它们会改变自己的构成并发挥特定作用。

食物是一种能够控制细胞行为的“药物”。你可以通过食物来提供给细胞大量的抗氧化物的补充，能够抵御自由基的侵害并减少衰老和老年病。

一些食物中含有上千种的抗氧化物和能够提高抗氧化物活性的物质。没有人准确地知道这些食物中抗氧化物的准确构成，因为它们的化学结构尚未被彻底认识。但是到目前为止，科学家们已经在很多水果、蔬菜、豆科植物、谷物和食用油当中发现了活跃的抗氧化物的存在。因而建议人们多吃新鲜的水果蔬菜、多吃鱼、喝茶、吃豆制品和大蒜等。

第二，尽量回避那些容易氧化的食物。

因为无处不在的氧化会使它们发生化学变化而在细胞中产生自由基，最终破坏细胞。这些食物的典型代表如不良类型的脂肪，人造黄油，添加了多种原料的加工食品等。

第三，适当补充含有多种维生素和微量矿物质的保健品制剂。

上述抗衰老的理论和策略，正在全世界范围里做着更为深入的研究与探讨。对老年人而言，其观点至少在两个方面对我们大有启示。

一是在延缓衰老上，你不是“无能为力”，而是“大有可为”。而且这“可为”的路一点也不难走。用一句话说，就是“管好你的嘴”，即把你的食谱和抗衰老的努力联系在一起。因为，细胞衰老的速度取决于你给它们提供的是含有丰富抗氧化物的食物，还是缺少抗氧化物而含有大量自由基的食物。

二是并非服下某一种或几种抗氧化物的食品就可以达到抗衰老的目的。

没有任何一种食物、草药、维生素、矿物质和其他已知的物质中含有人体所需要的全部抗衰老能量。随着研究的深入，人们越来越明白，大自然是一个精密配合的整体，只有各种物质的相互配合才能获得细胞工作的最佳状态。指望得到一种万能的延年益寿的抗老物，对于我们这个复杂的生物机体来说，是不现实的。

（三）“管好嘴”最重要

当我接受了“自由基理论”，知道了人们可以“不必听天由命地衰老下去”的道理以后，就开始了“抗衰老”的努力。我这样做的动机非常明确：我不是怕死，也不求有多长寿。只是想让自己的余生能够活得有较高的质量。

说起我的拨钟活动，我是在多方面做了安排。其内容大体是管好嘴、勤动腿、心不烦、脑不闲。

其中“管好嘴”这一项全然是受益于“自由基理论”及“延缓衰老的策略”。我是这样来实施有关专家提出的3条建议的。

1. 保证抗氧化物的摄入

认真选择每日三餐进嘴食品，例如，早起后空腹喝一杯温开水。早餐必冲一碗燕麦片粥、一杯酸奶、两个生核桃仁、4枚大杏仁、3个大枣、一小把葡萄干和两勺黑芝麻。可谓“我的幸福生活从早餐开始”。

在日常食物中，除了主食粗细粮搭配外，每天必有水果、蔬菜、肉（或鱼）等。上午喝茶，晚餐一袋牛奶、一勺蜂蜜、两瓣大蒜。

2. 注意回避吃进容易氧化的食物

我的办法是：

- 食用油我只选用质量好的橄榄油（生吃）和芥花籽油。
- 尽量不吃油炸或添加多种原料的加工食品。控制用油量，少在外边用餐。
- 平时买吃食我都去住家附近、商品质量尚有保证的超市，在那里买有机菜或“品质体系”青菜和肉蛋等。

3. 补充必要的保健品

在这方面，我没有全然听从专家的建议。因为在摄入某种保健品的必要性、种类和数量等问题上，目前仍存在争议，说法各有不同。但是，人体需要摄入一定保健品的主张，从目前中外研究的总体趋势看，还是受到肯定的。所以，第一，我决定服用。第二，在服用的种类和数量上我则采取中庸路线。比如，我从专家们普遍都推荐和认可的保健品中选出8种。在剂量上我把这8种分为两批，于每周的一、三、五服用4种，二、四、六服用另4种，周日空白。这样，不管研究者们的争议，受惠也好，受损也好，在我身上都不至于过分。第三，我用的保健品基本都是我在美国亲自选购的。认准了牌子以后，就由女儿照单供应了。当然国内一些质量可靠、信誉良好的保健品也是可以选用的。

我常想，我们这辈老年人真是有幸至极。老来赶上了人类21世纪的新发展，还活在了如今日益繁荣昌盛的中国。我们应当自我开放、接受新的思想，以最大的积极性来开发健康与长寿的潜能，争取能有更高质量的时日来享受自己人生中的第二个春天！

五、唱着优雅的夜曲度过晚年

有人说，人活着最高的境界就是优雅地活着。优雅是一种品位，有些孤芳自赏，又有些善解人意；有些“小资”，又有些质朴。可以享受最好的，也可以承受最差的。优雅需要文化的积淀。

我知道，自己离智者高人的优雅老去还有距离，但我向往这种境界。我安慰自己说，一时达不到没关系，懂得珍惜人生的夕阳时光就好。康德说，“老年时像青年时一样高高兴兴吧！青年，好比百灵鸟，有他的晨曲；老年人好比夜莺，有他的夜曲。”

对呀，已经老了，不怕再老，就高高兴兴地唱起我自编的小夜曲吧！

第三章 我不怕暮年远游，享受旅游乐趣

我在连连的远游中，受到最大触动的是，原来这个世界为你准备了那么多的精彩！于是我想，该在自己尚有条件之时，尽快往外走。因为，走得远，世界属于你；走得近，这世界离你愈来愈远！所以，我觉得，在体力和财力允许的情况下，你能走多远，不是要问你的两腿，而是要问你的志向。

一、“不怕晚”的心劲儿让我频频远行

我对周游世界的兴头正是在走中形成的。

身处异国，什么都是新鲜的。在别样的历史和文化中时时感受着别样的风情，品味着种种新的刺激。

远游，是自己生命力的一种享受和宣泄，它似乎延长了我的人生半径。在自己视野和心界愈加开阔之中，不由让我对世界、对历史、对人生、对自我有更多的思考，对宏伟与微小之间的纠缠有更深的感悟。

旅游的经历总会启动人们新的味觉、听觉和视觉。在高山面前，让我们保持谦逊和恭敬，知道在这个世界上有一些事物必须仰视。在一个个自然与人文景观前，懂得了美不是“平均值”，不是“相似体”，美就是独特，就是不同寻常。人就会在闯荡世界之中获得生命的快感。

这些年旅游中，在与一座座城市，一个个乡村，一个个民族，一段段历史，一种种文化相遇、相逢、相识，然后分开、别离。你带不走什么，更不可能拥有什么。只是多了对大千世界苍茫、伟大、丰富多彩的观感和对比之下我们个人是多么狭隘渺小的认知，这个感悟把我的心抚慰平复，保持了自己应有的“深感幸福”的平常心。

我理解了印度大诗翁泰戈尔的诗句：“天空不留下鸟的痕迹，但我已飞过。”飞翔的目的不是为了留下痕迹，而是在飞翔中尽情享受自由和快乐。所以，我看得越多，越对“到此一游”的拍照不像以前那么看重。因为幸福不能用人造的机械定格，也无须用底片来证明。只要我快乐过，这就够了。

远游，打破了生活的平静，变换了生活场景，品味了生活的新意，在云水相接的远方永远有一种你无法抗拒的魔力，吸引你出发。

而出去旅游一段时间，回来后按常规过日子，就会感到原有的家居生活有多么的平和与美好!

我确实喜欢上了"出发",对这让我生命变得朝气蓬勃的远游上了瘾!

就是在这样的心劲下,我从68岁开始,迈开双腿,8年中足迹到过了38国。

二、游前游后兴致勃勃"做功课"

出国旅游前,我总要花些时间做点"功课"。先是查地图,让自己对此次要去国家地理方面的情况清楚一点。我会在地图上用红笔标出我将观光的大城小镇或景区,再对照日程安排,就可以对旅游的路线,从哪儿到哪儿的走法,大体有个印象。然后查阅我手里准备的两份资料:一套四卷本的《环球旅行》画册和一套五册图文并茂的大开本的《世界文化与自然遗产名录》。这样对我要去看的景点心里就有了点数。

比如,游柬埔寨前,查阅《世界文化与自然遗产名录》知道,柬埔寨的吴哥古迹,与印度的泰姬陵、中国的万里长城和印度尼西亚的婆罗浮屠,并称为"东方四大奇观"。在面积约45平方公里的原始森林中,分散着各种建筑遗迹600多处。主要包括吴哥窟、吴哥城和附近一些庙宇。这是一组巨大的石建筑群。

吴哥这座高棉的都城始建于公元802年,持续了400年,直到1201年完工。1431年吴哥被暹罗军侵袭后,遭到严重破坏，吴哥王朝把首都迁到了金边。从那以后，吴哥都城杂草丛生，这座历史悠久的文明古都，就被淹没在热带丛林里。直到 1861 年，法国人毛霍德在热带丛林考察，才发现了这一古迹。

吴哥古迹中，通常所说的“大吴哥”，像座城市，里面有很多寺庙古迹，而“小吴哥”是城中之寺的意思。“小吴哥”通常也称吴哥寺、吴哥窟，但它并不在大吴哥的城里，它独立于其东南面，五脏俱全，自成一体。吴哥寺的图案被置于柬埔寨国旗中心，是吴哥古迹中的头一号，为游客必访的热门景点。

正因为事先知道了这些，所以，那天眼见吴哥寺有点难爬，也毫不犹豫地拔腿上路了。

又如，埃及有金字塔和狮身人面像，这是我从上小学的时候就知道的。这次埃及旅游就是奔它们而去的。所以，行前我曾相当认真地做了点“功课”。由此知道在埃及已发现和发掘出金字塔 90 多座，其中规模最大的最著名的就是开罗西南吉萨区的三大金字塔。它们建于公元前 2500 年间，距今已有 4500 年的历史。是祖孙三代国王（法老）的坟墓。现在的高度依次为 137 米、136.5 米和 62 米。第二个法老还把一座挡住金字塔视野的小山造成了狮身人面像，高 20 米，长 57 米。说是狮身代表权力，人面代表智慧。由于它状如希腊神话中的带翼狮身女性斯芬克斯，西方人多以“斯芬克斯”称呼狮身人面像。

所以，那天与吉萨金字塔和狮身人面像近距离接触时，像与一位虽未见过面，但对他熟知且见过照片、知道他长得什么样的朋友相见，更多的是为终能如愿以偿而高兴。

但是，当我亲临大漠仰望神秘的金字塔时，心中却陡然升起了一种深深的敬畏。你不由会感到不解：远在4500年前，古埃及人如何把230万块平均2.5吨重的巨石凿好，运到这里？如何将重达16吨的石块搬到塔顶？在不用灰浆和水泥的情况下，如此巨大的建筑物为什么能这般坚固，经得起数千年的考验而不松散？如何能使东南和西北角的高度误差仅1.27厘米？

眼前的景象，让我的心中就是一种感觉：“神，太神了。”

正巧，参观吉萨金字塔的那天晚上，我的同屋，我们团的年轻领队，送给了我两本有关“上帝存在”的宣传小书，还讲述了她信仰基督教的经历。她是位虔诚的基督教徒，我看到她《圣经》在手，每日必读。

翻着小书，想起埃及的一句古谚：“人类畏惧时间，而时间畏惧金字塔。”再过五千年它会依然如故吗？那天晚上，我怀着对宇宙、对上帝、对造物主的无限敬畏之心，在金字塔的故乡迟迟不得入睡。

去中东旅游，让人格外珍惜。行前，我兴致勃勃地做了准备。比如关于约旦，说实话，以前在我的脑子里，除了知道这是个地处中东、盛产石油的国家以外，其他的一无所知。在查看了《世界文化与自然遗产》画册，才知道，原来，这回我们要去的约旦南部被称为“玫瑰城”的佩特拉是多么有名气。

公元前1世纪，即2000年前，佩特拉已经成为罗马帝国的一个行政区。在漫长的历史岁月中，佩特拉的土著居民在岩石上雕凿了很多建筑物，逐渐形成了一座风格独特的“石头城”。因当地岩石多为褐红色，故被称为“玫瑰城”。

这座古城的绝无仅有之处在于，这里的一切建筑都是在山谷中因形就势雕刻出来的。没有一砖一瓦，不用任何建筑材料，遍布山峡中的一处处岩墓、希腊式神殿、罗马式庙宇、剧场等建筑，无不以山石为材，依山而卧，生生从一座座山体上硬凿出来的。

公元7世纪，伊斯兰教徒侵入该城后，它从历史上消失，直到1812年才被瑞士旅行家布尔克哈特重新发现。现已成为闻名于世的旅游胜地。所以，当我有幸走在佩特拉的山谷之中，面对这座人与自然的共同杰作，才更明白古约旦人有多么的智慧！

旅游回来以后，我总要给自己安排一堆复习、总结之类的“功课”。让自己从中享受到旅游的延续与再长知识的乐趣。首先我把照片洗印出来，整理挑选备用，接着从旅途中买下的图片、画册里选出各景点有代表性的风景画片。然后从《环球旅行》和《世界自然与文化遗产名录》画册中摘剪下有关国家的国旗、地理位置标示、各景点的风光照片和文字说明等。（我这九大本画册已经被我剪得不完整了。许多精彩部分都被转移到了我的相册里。）接下来是把这些备用的照片图片资料等做分类编辑工作。以国为单位，对此次旅游的背景、旅程的特点、人员组成以及旅游过的城镇和重要景点等都做专题说明。放入相册的每张照片都有文字介绍。有的地方加上按语。对属于“世界文化遗产”的景点都有鲜明标志，俨然像编辑一本带画的小书一样整理出一本相册。这些都是挺费工夫的事，但做起这种相当于重游一遍的有趣“功课”，每次都让我废寝忘食、放不下来。

这中间还要查阅《中国大百科全书》等资料，以弄清自己的许多疑问。比如，我走过欧洲许多国家以后，发现其建筑风格和模式的提法，不外乎是希腊式、罗马式、哥特式、巴洛克式。这各“式”都说的是什么呢？经查阅《中国大百科全书》知道了这几种模式的各自特点及产生的背景。又如，在埃及旅游曾在红海边的酒店住过。为什么叫红海呢？经查找资料，也弄清了缘由。从耶路撒冷回来，我趁着身上还多少沾着点“圣情圣意”之际，赶紧查找资料，明白了为什么三大宗教都把这里认定为“圣城”。原来，耶路撒冷是古犹太王国的首都，犹太教自然认为这里是上帝赐给他们的土地。而耶路撒冷地区是耶稣诞生、传教、牺牲和复活之地，天经地义是基督教的圣城。伊斯兰教则认定，此处为穆罕默德聆听真主安拉启示的圣城。耶路撒冷把全球拥有 18 亿教徒的三大宗教就这样容聚一城，成了世界的浓缩。

我多次旅游前后“做功课”的成果，都呈现在我书柜中摆放的15大本相册里。这些照片和文字记录了我享受旅游的历程，留下了我旅游中诸多美好的记忆。

三、一个人参团旅游品味“冒险”

我68岁开始的多次旅游，除了去俄罗斯北欧那次有小女儿陪同外，都是我一个人参团出行的。而且几乎每次都是在临行前几天甚至下了飞机到了异国下榻的酒店才知道谁是本团团友和哪位是我的同屋。

旅行社在安排像我这样单人的旅客时，必定要拼凑另一个“单人”与我同住。遇到没有合适人选时，他们一般就会派领队过来搭伴。

我在去埃及、澳大利亚和日本时，都曾遇到类似情况。领队都是年轻女孩，她们的特点是，对旅游景点没多大兴趣，又有公事在身，所以，出了住房，你这位老阿姨就甭想指望她会成为与你一路同游的旅伴。

还有一种所谓“单人”同屋，其实人家或有同行的亲人或随结伴的朋友，都各有归属，很少像我这样纯粹的一个人。这样，一出了住房，我依然是孤家寡人。我对这样独自的旅行，一开始虽未预料得十分具体，但还是有思想准备的。首先没人帮你照相，这在旅游中随时都会让人感觉不便，同时，在语言不通、人生地不熟的环境下遇事没人商量，一切自己拿主意，再加上我的“耳神”又不大灵，有时还真挺耽误事的。

但这些并未影响我安排出游的积极性。我想，单人出行虽有各种麻烦，可你的活动却能自由随意，不用时时分神去照顾和配合同伴，倒也符合我的“特立独行。”

我还想，在随团旅行中，有些事要尽量依靠“组织”，而不能随便要求你的团友为你做这做那。比如，到了一个景点，同行的团友忙于互相拍照时，我注意不去打扰，或者等人家有了空帮我照下两张，更多的时候是请领队或导游帮忙。

其实，每次都有热情的团友顾及我的“不便”，有的甚至一路上把我列为必管的“服务对象”。在我心里感到暖烘烘的同时，也不断地提醒自己，不要忘了自觉，大家都是出来玩的，你没有理由给团友多添麻烦。

但这“一个人”，确实带来自顾不暇的事端。这里说几件只身上路中的有趣的事。

（一） 东京迪斯尼乐园历险

这次经历是我几年出游中最为冒险的一次，事后想起当时的情景，还不由后怕不已。

我去日本已经是比较靠后的事了。那年 1 月中旬我刚从美国回来，听从一位朋友的建议，1 月底就参团出行了。因为她说，观光富士山最好的季节是 12 月、1 月和 2 月初。

我的同屋是个到日本联系事务的女孩，她日间很少和大家一起活动。

此团从北京直抵大阪，最后一站是游览东京。其间旅行社安排了“游迪斯尼乐园”的自费项目。来日本前对此我曾询问过朋友。她告诉我，虽然你游过美国的大型迪斯尼乐园，但不妨去看看东京的这个，它浓缩的功夫相当不错，你不会觉得没意思的。

我当即选了这项自费项目。其实，如若不随大家逛迪斯尼，那天的好长时间里，你只能坐在大巴车上干等。

我高高兴兴随大家进了这座浓缩的乐园。一时间，全团十几个团员各奔东西，全然不见了踪影。对此，我丝毫没什么好紧张的。一来我不着急照相，类似的景观照片，我的相册里有的是。第二我熟悉乐园玩项目的程序。附属四个乐园的美国佛罗里达州奥兰多的大型迪斯尼乐园，咱都去过多次，我怕什么呀！

于是先选了两个我玩过且排队的人不太多的项目。上来后（都要钻到地下）又看过了说明，选定了第三个，在排此队之前，我发现就在对面还有个玩处。根据在美国的经验，我立即找到它前面一座自动出票机，按钮取出了一张写明×点×分可直接进入的预约纸条。有它，到时候你就不用排队，可以直接进去了。

这样，玩完了第三个项目，老太太就神态从容地越过排队的人群径直钻进了第四“洞”。

当我深入通道，像往常一样坐进缓慢移动到身边的单人舱座时，发现要扣紧的不是一副而是两副分别束在上身和腿部的安全带，我隐约觉得有点不妙，在我还来不及多想时，飞船已开始缓慢启动。随之，就感觉自己先是被抛到高空，接着飞船连着360度的翻跟头，吓得我紧闭双眼，屏住呼吸，心里只有一个念头，"真是糟糕了！快下来吧！"就这样大圈小圈、上上下下折腾了好一阵，这飞船才算落了地。我晕晕乎乎下了船舱，心头仍呼呼乱跳，缓了缓神，扶着通道栏杆，往出口处挪动脚步。当时担心到外边见到阳光，一吸新鲜空气会立马晕过去。还好，在洞口站了好一会儿，觉得一切都还正常，没什么不舒服了。我不由心中暗自庆幸：我这个"愣头老太"还真挺皮实的！

这时，才想起看看下洞之前没注意的介绍标牌。原来，这是一个体验宇宙航行的惊险项目。大牌上明文警示：心脏不好、高血压患者、儿童、老人等均不宜乘坐！我想起类似的项目在游美国的迪斯尼时，女儿是从来不让我沾边的！

想来，这次的贸然行事，完全可能惹出大麻烦，其后果不堪设想。后来说起那天的冒险，女儿开玩笑说，谁也比不上咱妈命大，什么事到她那里都能逢凶化吉、顺利度过。

（二） 尼罗河畔跟错队

去埃及看金字塔列入我的出游计划后，根据查阅有关旅游资料，除了我一贯坚持的要找大旅行社和选择气候适宜的旺季之外，又定下了以下三条：一是只去埃及一国旅程不少于十天。二是要有住在大型邮轮观光尼罗河沿岸风光的安排。三是游览的景点一定要包括卢克索，特别要有阿布辛贝勒。

不想，很快就在晚报上看到了一条都能满足我要求的“中青旅”广告：“埃及惊艳之旅——豪华10日享乐游。”于是，报名交费，高高兴兴飞到了开罗。

我的同屋是我们团的领队。所以，虽然在邮轮的房间里晚上俩人聊得挺热乎，但到日间活动的时候则各行其是不在一起了。

我们乘坐的这艘邮轮称得上豪华。房间和各种设施很是讲究完善，感觉和住在陆上的星级酒店没什么两样。所不同的是房间里带一个随时可以感受尼罗河风光的阳台。大家在船上吃住。白天游客上岸邮轮停运，晚间行驶在尼罗河上。

一天，早餐后，我按集合时间走出大船，想也没想就跟在前边离我不远的一拨人后头朝码头的大路走去。因为两天来，在餐厅和走廊里没遇到太多的人，就以为船上好像只有我们一个团。再加上对团友们还很不熟悉，所以，毫不怀疑是不是自己人。在我跟着人家走了好一段路以后，突然听到身后有喊声，回过头来看到一个人正向我跑来。其实，他已经喊了好几声了，我聋着个耳朵光顾走路，根本就没听见。原来是我跟错了队。我们的团友还在邮轮前没过来呢。当时有团员发现了那个单人老阿姨跟着人家走了，才忙着来喊的。那位团友气喘吁吁地说，"如果您跟着这拨人上了人家的大巴，我们可上哪儿去找您呢!"

我一想也有点后怕。那天如果一直跟下去，还不定惹出什么让自己窝囊、让别人着急的事呢!

之后，我赶紧给自己立了规矩：活动中要注意到身边一定不能没有团友。

（三） 老腿逞强"爬"吴哥

柬埔寨现存的供观光的吴哥遗址基本没有保护措施，也无任何方便游览的必要设备。可谓手无可扶栏杆，脚无修整之路可走。你要去看那一座座这世上绝无仅有的带着"高棉的微笑"的四面佛，就靠两条腿在凹凸不平、大小不等的石堆路上跨越行走。我的感觉是，像在一处处废弃的工地上穿越。

要想观赏寺庙，更要不怕艰辛，准备大费腿力才行。因为，吴哥的所有寺庙，其台阶无一例外全都陡峭狭窄，越往高处越陡直。游人只能专心一意、匍匐向上，不得稍有懈怠。吴哥建筑受印度教的影响较大，体现出对山、佛、国王的信仰与崇拜。艰苦的攀爬正是信徒和百姓追求信仰高度，显示他们的虔诚和忠贞不渝的朝圣之举。

看着这种情景，我们团里的几位岁数大的团友决定在吴哥寺五塔前的小广场坐定，不去考验自己的腿了。

既然来了，怎能不上去看看。上！我迈开腿，头也不回地“开爬”五塔寺了。

这上塔的石头道路窄窄的不说，两边空荡荡的没有一点抓头。弓着腰连走带爬，深一脚浅一脚往上攀登，确实让人有点心慌眼晕。

要说这还算不上逞强，去登巴肯山才是我这次游吴哥古迹有点冒险之举。

在已经劳累了一天临近黄昏的时分，有个景点是登吴哥城附近的巴肯山观落日。当时我觉得自己的腿脚能坚持登上这座不很高的小山。看准了团友围坐的集合地点，就跟着上山的旅客启动了。这一走才知道，比上吴哥窟的情况还糟糕，那边好歹有条路，这里倒好，在山坡上，你只能随机从乱堆的石块和沙砾的缝中下脚，一不留神就会崴了脚。攀登如此原始的石头山，实际每时每刻都在跟自己的两条腿较劲，上上下下随时都有危险。如果明智一点，为保证后边的旅程，应当及时往下返回。可当时竟然“既来之，则上之”了。

接着，又以“下定决心，不怕牺牲，排除万难”的精神，登上了山上观日落的巴肯寺。

这里的台阶只有半脚宽，只能“横行”。两边又无栅杆可扶，只能侧着身子手脚并用，像朝圣的信徒顶礼膜拜般地爬上台阶。

当我喘着粗气、流着大汗坐在山顶看夕阳时，一点浪漫心情没有，满脑子是对下山的发憷。

回酒店后，两腿酸疼、身上没劲。躺在床上不由责备自己的逞能。但到第二天早上起来，居然腿无大碍，知道自己又可以自由行动时，“旅行就要有点冒险精神”的想法又重回心间。

（四） 把老命交给了约旦小毛驴

中东之游的重要景点之一是观光约旦的佩特拉。

那天，我们一行人于朝霞中兴致勃勃进入峡谷，在闪烁着奇光异彩的“石头城”的神秘中不知不觉已攀登上了很高很长的山峡。临到下山时，我想起，此前导游曾交代过，到了高处，下山时会感觉困难，一般都要乘马车或吉普车。而我一个人单行不妥，要找个团友才好。正巧遇到了我们团的年轻领队小依，就与他结伴而行了。路边没见马车或吉普，只有一堆人牵着小毛驴在招揽生意，只能骑驴，别无选择。小依与其中两位讲好了价钱，说是先坐一小段毛驴，然后再乘吉普车拉到山下路口，两人一共 15 美元。

于是，我们分别被扶着坐上了小毛驴的屁股上。两脚套上脚镫，两手拉着缰绳。此前，我从未骑过毛驴。肉大身沉的我在光光溜溜没有任何铺垫的小毛驴背上感到无比的紧张。

更让人着急的是，这小毛驴专拣本不宽敞的路边走，弄得你没法不担心它稍一失蹄，你就会被摔进谷里。给我牵驴的是个超不过十二三岁的小男孩。我说话他听不懂，两只手又占着不能打手势，我只好冲他摇头晃脑、龇牙咧嘴，意思是让他管管小毛驴。可他一脸茫然，根本不搭理我。可能这种“大惊小怪”他见得多了。没办法，我只好两手紧握缰绳，把身子扭成90度，使劲向里倾斜。

晴日当空，没戴遮阳帽、没戴墨镜的胖老太，满脸通红，汗水直流，当时这些早已顾不得了，只一门心思拧着腰跟小毛驴较劲。

而人家毛驴先生（或小姐）毫不在乎我在它身上担惊受怕地拧巴，“我行我素”，不紧不慢地踏着小碎步，决不往路中间靠一点，人到这时也只有听天由命、豁出去了，只盼着快点离驴坐上吉普。

可这路程根本不是一小段，少说也有半个小时才在稍宽点的地段看见了一辆旧吉普车。我被小男孩扶下驴时，尽管腰酸腿木，还是没忘了朝他连声说了“谢谢”。因为我真心地感谢他、感谢小毛驴、感谢老天爷保我骑驴一路没出事！

我和小依赶紧坐进了吉普车。不想这车没开多一会儿就到了地方。原来约旦人说话不实。更有意思的是，下车后，当我掏出15美元由小依交给司机时，他摇头拒收。还拿出了计算器，显示的数字是50美元。小依和他理论时，我又抽出了15元，示意小依给他30元算了，而人家这位司机并不买账，表示一文不能少。双方坚持了没两分钟，司机转身走了，从不远带来了一个人。从穿着打扮上看，好像是景区的警察。小依忙用英文把前前后后的情况说了一番，那位似乎懂英文，听后耸耸肩摇摇头，说了句

“这事我管不了”，扬长而去了。司机见状只好乖乖地收下了30美元，灰溜溜地走了。

他走后，我和小依说，“其实刚才没从小毛驴身上掉下来，就是拿出再多的钱，咱们好像也不在乎了！”他和我有同感，因为他也经历了类似的心惊肉跳。

后来听说，由于峡谷路边多有青草，所以，毛驴们一上路都爱溜边找草吃。

不过，正是这有惊无险的一幕，更加丰富了我观光约旦佩特拉的记忆。同时，还让我又一次肯定每日做操健身的功效。否则，我哪里有这份与小毛驴较劲而不闪腰的实力。

说到风险，出远门确实会有更多的不安全因素。旅游中常会出现许多人们意想不到、无法防范的事。

有几次出发前，正好接连发生飞机失事的事，让人有点嘀咕。可我的经验是，其实你一上飞机也就一切随它，心思反而定了。老是左思右想的，恐怕很难迈出大门，待在家里也有掉下块天花板砸了脑袋的危险呢。

实际上，生活本身就充满了风险。作为一个小民，你承受的生活风险，往往来自交通意外、暴雨台风、注水猪肉和手机电话等，毫不悲壮。

生活中不可能绝对的安全，一个人一辈子都会暴露在很多不同的危险情况下。即使你不出远门，只要活着，天天吃、喝、喘气、活动、做事，就都面临着和承受着各种各样的风险。

既然危险不能全然随心躲得开，那么，有的时候就需要你主动地冒点险。当然，应当对风险和利益有个评估，尽量避免恶性事件的发生。

我的想法是，人来到这个世界，就该去体验惊喜与激情。人生之旅的意义，或许就在于它天然的难度和丰富的里程。

而且，做任何事情要有所得，你都要付出代价。如果旅游中冒险让你有所收获，像我上边说的那样，一次次都觉得值了，又何尝不可以欣然地适度地去冒一下险呢！

四、以“我”为本，玩得快活

我生来天资一般，虽说不算笨，可也绝不是很聪明的人。而“勤能补拙”的天道，成全了我这个爱动脑子的人。到老了，和自己年轻时相比，还真聪明了不少。比如，在这些年的出国旅游中，我的一些“以我为本”的主意，常常使我不由为自己的小聪明而玩得快活暗自得意。

（一） 照相留念 人景兼顾

出门旅游，所谓游山玩水，重点在看景。回家整理照片，发现再好的风光，一两张就够了。而且，你拍得再好，总也好不过人家当地印制的图片和画册。于是，我拿定了主意：在我走马观花式的旅游中，让自己的照相机里主要留下的是一张张带“我”的画面，说明本人曾“到此一游”。而对那些赏心悦目的美景看得多照得少。然后一定认真选购当地供应的取景有据、拍摄有方的图片、画册或带景的明信片。有时，在重要景点，不惜把不同版本的图片买上好几套。这样一来，在知名景点前我可以一心观赏，而相册里却能留下此处景观最为地道的倩影。

（二） 关注用餐 多享 “口福”

童年时我的家境小康，又跟着讲究饭食的祖父吃小灶。所以，形成了我打小就把“吃”特当回事的习性。在近些年的出国旅行中，就总惦记着让自己的嘴能多品尝风味食品，与我的周游世界同步。

随团旅游中，我发现，由酒店提供的自助餐颇有探究的名堂。

由于我们下榻的酒店，其规格基本没有低于3星级的(经常号称为4星、5星)。所以，餐食的供应一般都相当不错。

面对花样繁多、风情各异的食品，挑些什么往自己的肚子里装呢？我这个对吃一向在意的人，很快就谋划出了自己的选食法。

进入餐厅，我先要快速浏览一下全貌，对其供应的丰富程度及其特有之处有个大体的印象。然后按类挑选。

虽说国外酒店的自助餐大都为西餐。但不同的洲、不同的国家，其西餐内容实际是很有差别的。而且就是同属一个洲的国家，在吃食的供应上也各有其特点。

我找特色食品的办法是3条：一是来自对旅游国家基本情况的了解；二是参考别人的选择；三是在餐厅就餐时临场发现。

比如，第一条，出发前，我在对要去的国家“做功课”时，总不忘顺便关注一下有关吃的情况。于是我记住了荷兰和法国的奶酪素有盛名，德国香肠多有讲究，澳大利亚、新西兰的奶制品和黄油质高味正。去北欧要吃挪威的鱼类食品，因为鱼和鱼罐头是挪威闻名世界的主要出口产品。在俄罗斯要品尝鱼子酱（虽然有点腥），去英国要选其雪糕、冰激凌，因为我最爱的和路雪，就是地道的英国口味，等等。

而这些大多能在自助餐中找到。所以，在餐厅里，我似乎总能心明眼亮地直奔目标，把这些有代表性的食品装进自己的盘碗。

再说第二条参考别人的选择。我说的“别人”，不是指在餐厅里随机看到的某位用餐人，而是我身边团友中对“吃什么”也有兴趣的人。举例说，我去东欧四国旅游的那次，我的同屋是位懂法语在巴黎工作过多年的同龄女士。我们在匈牙利布达佩斯酒店吃早餐时，我发现她对小包装的果酱、蜂蜜、黄油等类食品总要精挑细选。经询问才知道，原来她找的是匈牙利产的鹅肝酱。多年的巴黎生活，让她对抹在面包上的各种酱类喜欢且在行，于是，我赶紧按她的指点品尝了两款鹅肝酱，还跟着她挑了蜂蜜、果酱和几样小食品。

又如在肯尼亚内罗毕的酒店餐厅。我一下看上了这里用大暖罐装的煮得稠稠的燕麦粥。但还有什么吃的是这里的特色呢？我想起应当瞧瞧团里那位对吃食也很在意的团友，看她给自己选了些什么。但见她正坐在角落里津津有味地嚼着烤得黄澄澄的大肉片。我立马排进煎锅前的那个队伍，领了一份热乎乎的非洲烤肉。几口下来，觉得颇有新意。心想，以后还得注意多向别人学着点。

上边说的第一条可谓“有备而吃”，第二条是“学而后吃”，那么，这第三条就是临场发挥了。

在柬埔寨用餐最能说明这一条。走进号称 4 星级的吴哥宾馆餐厅，一眼就看出了这里的早餐供应水平不高。牛奶是用奶粉冲的，主食、饮料、水果等品种极少，现煎现吃的荷包蛋算是这里的花样了。

我想，先不着急吃煎鸡蛋，就一样一样把陈列的食品看个仔细。结果发现了别处少见的吃食——一种非常好喝的浓豆浆和几样好吃的就粥咸菜。

于是我就重点喝了两碗甜豆浆，还就着咸菜吃了花卷，喝了两小碗米粥，虽然有点“水饱”，可嘴跟胃都觉得挺受用。第二天仍然把肚子留给了豆浆和米粥，而没让煎鸡蛋占地方。

又如，越南现浇沸汤的河粉，日本的大酱汤、小面筋，西班牙小石子一样的硬粒海鲜饭，南非热带水果，以色列生吃的新鲜蔬菜等，都是我在现场发现后选择食用的，让我的嘴觉得跟着我到底尝到了异国风味。

而在埃及的“临场发挥”是我最尽兴的一次。几样讨“中国胃”喜欢的食品，让我对埃及吃食与金字塔、撒哈拉大沙漠一起留下了极为美好的记忆。

一种不加糖，放油不多，嚼起来软硬适中的烘饼，色香味都像扬州炒饭的炒米饭，让你觉得，除了缺双筷子，少盘炒菜，真有点像坐在家里吃中国饭。

还有埃及的甜点，无论早餐正餐都有供应，且花样多，款款惹人喜爱。甜点做得十分精细，特别是奶油奶酪的调配适中，所以口味香甜，而不觉肥厚腻人。以至在埃及的日子里，我这个怕长胖，平时限制甜食的人也给自己开了戒，几乎每顿早餐都要美美地吞下几小块美味糕点。

其实，在我的所谓“选食法”背后，还有一点比“方法”更“原则”的想法，这就是“要开放”。我认为，“吃什么”这件事也和其他许多事情一样，应当不拒绝“开门”。因为自己没吃过，就固守以往，不肯尝试，实际也是一种自我封闭。

记得前些年，我婆家亲戚的两个女孩来北京旅游，在我家吃饭时，看得出来，她俩一心想的是早餐吃她们无锡老家天天吃的泡饭，正餐吃米饭。而我给她们早点准备了豆浆、油饼，中午的主食是西红柿鸡蛋打卤面。还“教育”人家说，泡饭回你们家再吃，既然到了北京，就要尝尝这里的饭食，也算丰富阅历吧！

我对她们说的话，正是自己出国旅行吃东西时的想法。既然来到异国他乡，就不应固守在家的一套。要敞开你的味觉，有兴致去吃你不熟悉的人家的饭食，这才有可能领略到多方面的新意。

说实在的，有的食品味道怪怪的，实在是一点都不好吃。可你不吃，怎么知道好吃不好吃呢？而且，当你的嘴一“开放”，你才知道，敢情这地球上的某处人群，他们就是以吃这样的饭食为好的呀！还有，你不吃，怎么能衬出天天享用中国饭食的你，活得有多惬意幸福！

（三） 国外购物 花钱有方

旅游中总要花钱购物，我想应当动点脑筋，让自己买东西时别总是随大溜没个准主意。

凡事就怕认真，留了神，注了意，这心里自然就多了明白。到后来我居然觉得自己消费上很“成熟”，花钱购物很是“有方”了。

当然，所谓“成熟”和“有方”，不是行为经济学家定义的那种会消费的“经济人”，而全然是以我之“所图”为准而言的。作为一个小门小户平头百姓的普通旅游者，手里既没有大钱，心里也没有想花大钱购物的念想。只不过既出去玩总要有笔购物的开销。花掉这点钱“图”的是买到异国他乡的新鲜物件，让自己高兴也为此次的出游多留点印象而已。

不过，在国外，无论“景”，还是“物”，在你眼里一般都会觉得是新鲜的。所以，我在购物前，总要先做些准备，能更多知道，在一片新鲜中，什么是自己的所要，什么是只看而不一定买。

在我“有备而买”的物品，经过时间的检验，好像大体上都能算得上“买得不错”。比如前几年，我去日本旅游时买回来的东西，几年过后，现在看来仍然样样觉得可心。这要从日本商品的质高价贵说起。在日本，无论大件小件，就是超市里一块小手绢，一件小玩意，都精美细致得让人爱不释手。当然，它的价钱之高也够让人有感觉的。游日本之前，我对这些早有领教，因为去澳大利亚往返时都要在东京成田机场转机。我曾好几小时细逛过它的免税店。这次随团来日本，我心里定好了购物目标，准备把钱花在机场附近的一家著名的大型超市里。因为根据日程安排，返程时乘机之前要在这家超市停留好长时间。

那天，我先楼上楼下周游了整个超市大厦。了解了全貌，并弄清了我要购买物品的位置。然后，俨然一个“用心过日子的家庭主妇”，买了一堆居家用的小物件。比如，一只价格不菲的三层底合金钢的单柄小锅；一把轻薄的外形如塑料制品的新型切菜刀，两副长筷子，十双短筷子；一只带湿度表、时间表和舒适度的温度计；两套漂亮的塑料碗垫；一台镶玻璃镜下边带装梳子横板的小小塑料梳妆挂件；几条花色喜人的高价毛巾；两把带有日本风情的小折扇，等等。如今，这些家居用品，除了那几条用到底也没掉线头的毛巾“退役”了之外，别的都一直在为我高质量地服务着。

在澳大利亚，站在琳琅满目的澳毛产品货架前，老太太毫不犹豫地花大价钱给自己选了一件中意的羊毛衫，在第二天的照片上就留下了穿上这件新衣的风采。

在悉尼听说免税店可以帮顾客把买下的东西打包直接送到机场托运。我当即解除了“要费力提来提去”的顾虑，按来前的打算买下了一条双人用的澳毛被子和多瓶准备做礼物送人的澳产绵羊油面霜。果然回来后，用这小小礼物送给亲朋，礼轻情意重，自我感觉这事办得挺好。

在埃及，我在正规专卖店（小摊小贩随处可见）花了50美元挑了一副我慕名已久，埃及独有的工艺品纸砂草画。裱糊装框，挂在厅里。美好感觉，至今不衰。

来埃及前我就知道，埃及的棉花质量上乘，世界闻名。所以，旅游伊始，我就给自己买了件深红色织花短袖的棉T恤衫，当即穿在身上。明知此衫回北京后肯定很少机会派上用场，但此次穿它伴我全程，也算物有所值了。

“一定要买巧克力”，是我来新马泰之前就计划好的，要说这样的“决心”我平时很少下。因为做过“填球”手术的我，提重物是生活中的大忌。对吃的东西，我的方针很明确，就在当地品尝，决不为吃食增加我的提箱负重量。

而马来西亚盛产可可，对其生产的巧克力我慕名已久。实在不想错过这次亲临选购的机会。当时我还自我鼓励说：“买吧，包里不再装别的东西，不会重到哪里的！”

在马来西亚的巧克力专卖店，当我如行家一样随手往购物筐里扔进提拉米苏、果仁芝士、黑浓咖啡等大包小盒的花样产品时，心里那个高兴劲儿就别提了。“对巧克力的激情也是本人热爱生活的一部分啊！”我还给自己的“随性”找了条好听的说辞。

给小外孙带回玩具或衣物，是我购物的一个重点项目。我64岁才当上外婆，对这个让我角色升级的小家伙分外疼爱。每次出国旅游总惦念着要给这个黑头发黄皮肤的小“美国佬”买件纪念品。

在瑞士阿尔卑斯雪山下一个工艺品的小卖部里，我给外孙买了一只玩具小皮靴，靴长十多公分，纯牛皮，做工精细，完全真鞋模样。里面还插了几支削好的彩色短铅笔。这个小摆设很是招人喜爱。我掏出了价值差不多能买下一双大人穿的真鞋的美元买了下来。

大巴车上，同行的几位奶奶级团友纷纷把玩，为自己没能给孙子孙女弄上一只瑞士小皮靴而表遗憾。

在澳大利亚我给他买了一只澳毛质地的袋鼠造型小背包。外孙告诉他妈妈说，是因为袋鼠背包让他记住了澳大利亚这个国家。回国探亲时还特地背上它表示对姥姥礼物的喜爱。

从伦敦给外孙带回来的玩具是一个英国女王的卫兵模型，他头顶半遮着脸的高高黑毛绒帽，全副士兵装，上身穿红色对襟制服，白色腰带和袖扣，下穿黑长裤、黑皮鞋。左手臂抱着一杆长枪。这个小兵神气十足，煞是可爱。为了印证他的身份，我特地在英国女王的夏宫前，站在同样打扮的一名站岗卫士身旁留了影。把这个玩具和照片放在一块，孩子觉得好玩，大人也觉得挺有意思的。

在以斗牛闻名的西班牙，我给外孙买了一把小小的袖珍玩具宝剑。造型全然仿照斗牛士手中的真剑模样。送他这把装在盒里的宝剑，是想让他对西班牙有个印象。

其实，如若是个女孩，我肯定会送她一个穿戴讲究的塑胶大娃娃。西班牙的娃娃跟真的小婴儿一般大小，而且各有特色，眉眼表情决不重样。马德里产的一种品牌大娃娃，世界有名。说实在的，我这个老太太，在这些招人爱的大娃娃面前也挪不动步了。思想斗争了半天，最终还是觉得它太占地方，才压下想买的心思，到底没有给自己“认领”一个回家。

从匈牙利我给外孙买了几件小玩意，其中一个冰箱贴，看见的人都说，这物件有点匈牙利味儿。

这个冰箱贴有个凹形槽，里边放了 4 只漂亮的小小酒瓶。瓶里各装了不同颜色的“葡萄酒”。稍一摆弄，瓶里的“酒”就会闪光流动。

这个有特色的玩意是我在匈牙利一个农村小镇观光时淘换到的，小镇路边两侧摆着许多小摊，出售南瓜、大蒜、果酒、辣椒、调料等各种新鲜农副产品和刺绣、披肩、手工桌布、民族服装等多种工艺品。

匈牙利这个农业发达国家，确实农产品丰富多样。可蔬菜、水果、酒类等不好往回带，手工艺品也没有特别吸引人的。买下了这个带小酒瓶的冰箱贴觉得好像也算带回了点匈牙利的特色产品。

游埃及返程前，在开罗哈里里大市场，我给外孙买了两件埃及棉的T恤衫。仔细挑了前胸的图案，想着让他由此感受点埃及古老文明的异样。

上面说的是“有备而买”。实际上，在国外旅游的许多场合，人们还是很容易“无备”而买下许多小物件的。

而我正是基于以往国内国外购物的“正反”经验，买东西时让自己注意了两个“不”。于是，我的购物就有了点准谱。

第一个“不”，是我基本不买小摆设、纪念品之类。我家里没有多宝槅，因为我没有一件值得摆出来的宝物。而在旅游中随意买下的物件，实在没有合适的地方摆放。

至于小手工艺品、钥匙链、冰箱贴，爱看就看两眼，却很少把这类东西往家带。我不是收藏爱好者，无意来个全球系列收集，零零星星买下的这些小物件，往往一回家就发现已经没多大看头了。

我的第二个“不”，是不看大家买了什么自己也跟着买。其实，随大溜儿购物也不见得就买不着好东西。我的主张不过是强调生活中许多事不要忘记“以我为本”而已。

在法国尼斯，参观香水生产基地时，几乎每人都或多或少买了香水产品。而我却除了手上拿着进门时厂家赠送的一小管样品以外，一样没买。

位于法国南部濒临地中海的尼斯是法国最大的生产香水的基地，包括巴黎在内的所有法国各地的名牌香水，其原材料都是由这里供应的。在此参观可谓让人“开眼”“开鼻”至极。大型的搅拌机中花朵翻动，酿造缸里花浆浓艳。隔着玻璃窗可见身价不凡的“闻香大师”，样品间里陈列着百味香水，任你品闻。

“不买香水”是我来法国之前就想好了的。因为我对香水没什么爱好，也不打算选购送人。所以，人家买人家的，我一点没动心。跟随提着大盒小盒的团友们走出购物大厅时，我的“空手道”显然有点另类，但毫不影响本人的自我感觉良好。

在意大利没买皮外套也显出了我的购物不从众。记得当时我们4个年龄相仿的女伴一起逛罗马景点附近的一处大型自由市场。她们3位试穿了几款皮上衣后，都想买上一件，很自然地也鼓动我试一下。“你穿着真有样哩!”团友一旁大加赞赏。可能这件皮外衣被我的宽肩膀、胖身材给撑了起来，确实感觉挺合身。这时站在一旁的摊主意大利姑娘赶紧用手里的计算器示意，如加上我穿的这件，价钱还可以更便宜。我笑着答谢了大家的好意，但毫不犹豫地谎称家里已有了类似的衣服而摇头拒买。

“不买皮衣”，也是我来欧洲前就想好了的。在国内置装时，就因为选不准穿皮衣的季节而不想问津。再说了，真要买，也要到正规的大商店买件意大利名牌，而不图省几个钱从这里往回带。

在肯尼亚旅游期间，团友中大多在地摊上选购了此地特产黑木雕怪样面具、骨制模型等手工艺品。逛街中我随大家仔细观赏，但没随大家买什么东西。“回家没地方搁”是我不买的理由。

在俄罗斯的小市场，俄式大披肩，毛皮帽子，一个比一个小的瓷制“套娃”等等，让许多团友掏了钱。其实，这些东西在北京红桥市场都能找到，价钱比这里便宜。我当然又是只看不买。

不过，在旅游购物中，我也不是没有“不高明”的时候。比如，在柬埔寨，我经不住售货员火烧演示以及出具证明等的推销鼓动，没怎么好好想就买了一个钻石项链坠。回家后，放在那里，一回也没戴过。因为我早有了女儿给买的比它不差的钻石坠。

仔细想想，购物中的所谓“没买对”，根本原因是“贪便宜”的心理闹的。比如这次，你用不到 1 千块人民币能买出像样的钻石吗？购物时总想着少花钱买到特值钱的东西，这念头本身就注定了你的“低能”，而做不出“高明”的选择。

在我频繁的国外旅游中，就这样时时显示着我的“有主意”，也暴露着我见识上和心理上的聪慧有限。但不管智愚高低，我确确实实能在更多的时候，活在了“以我为本”的快乐之中。

五、看景中收获“明白”

我这些年出国旅游走过了不少国家，看了许多风景，有的地方超然世外，有的温馨浪漫，有的历史悠久，有的摩登现代、繁华新潮。而每个人来到同样的“景”前，都看见不一样的东西，都得到不一样的“明白”。旅游看景确实让我多想了平时想不到的事，多知道了原先不曾深想的人间世情，从中获得了带有我个人特色的种种“明白”。

（一） 好事不能让你占全

2005 年 5 月我随团去南欧旅游。我们于当地时间夜里 1 点多钟到达西班牙巴塞罗那机场。没想到，在机场出口处迎面就有一队西班牙女郎载歌载舞欢迎我们，还给每个人送上了鲜花康乃馨。

我当时想，这可能是因为我参加的这个团是中国国旅总社组织的“南欧首航团”的缘故。

果然，我们 34 名“首航团”的团员全程被安排在 4 星或 5 星级酒店。参观的景点路线也是重点突出、精当合宜，还享用了地道的西班牙特色海鲜饭、塔巴（TAPAS）风味餐、葡萄牙章鱼饭等。最难得的是观看了由名角出演的西班牙弗拉门戈舞。后来知道，原来那天的女舞者非同寻常，乃颇负盛名的西班牙弗拉门戈舞第一人亲自出演的。这场专门为我们一行人的演出特地选在一家灯光昏黄的小酒馆里。优美的西班牙吉他与火热的弗拉门戈舞近距离地展现在我们面前。西班牙人火热的民族性格造就了如此才情奔放、浪漫不羁的艺术风格和这种狂野的激情四溢的舞蹈。这场令人痴迷、受到灵魂震撼的弗拉门戈舞，让我激动不已，与在场的团友一起经久不息热烈鼓掌。

西班牙位于欧洲西南端的伊比利亚半岛，国土面积仅次于俄罗斯和法国，是欧洲的第三大国。西班牙与非洲相隔仅 14 公里，又有大西洋将其与美洲连接起来。因此，西班牙有着特殊的战略地位。这也是它在历史上形成多种文化和文明的交汇点的原因。所以，当今的西班牙成为仅次于法国的世界第二大旅游目的地国绝非偶然。

西班牙的多元文明互相融合的印记，真是处处可见。

在西班牙的城镇建筑，包括教堂，许多地方都融有伊斯兰教、天主教、犹太教三大宗教风格。因其历代统治者在后建时绝不全部破坏原有的建筑，总要保留部分异端遗迹，不惜让城堡、教堂不显完美统一。

人们在西班牙，看到的是文明历史沧桑中的包容与大度!

在这片孕育了诸如毕加索、哥伦布、高迪等许多大师名人的土地上，给游者以太多特有的文明情趣的享受。所以，我信服了宣传材料上说的那句话："游过西班牙，你肯定还想再来第二次!"

但是，我却不想给这次旅游打满分。因为在西班牙全程陪同我们的那位导游先生实在太让大家扫兴。

导游李先生，40 来岁，他的一口说不清是什么口音的汉语听起来相当费劲。他自我介绍说生在香港，又去过马来西亚，从没来过大陆。他在马德里做点小生意。偶尔帮朋友当回导游。怪不得他居然把北京的"涮羊肉"磕磕巴巴说成“羊羊肉栓”呢！听得出来他对大陆的了解一点不比一个普通老外多。汉语不灵通也罢，对西班牙他也说不出什么名堂。既对过去的历史全然不知，也不懂当地的文化，所以，一路上他的嘴倒是一直没闲着，可东一句西一句的，听得人耳根发腻、心里发烦。

而对该讲解的景点，则无话可说。

如在巴塞罗那参观那座仍在修建的高耸入云的神圣家族大教堂时，他连“这是西班牙最伟大的建筑师安东尼奥·高迪穷尽毕生心血的艺术杰作，而且在修建了126年之后至今仍然没有最后完工”。这几句写在日程安排表上最最简单的介绍语，都没说出半句。

在参观西班牙的城堡、宫殿和博物馆时，非常显眼的是一座15世纪末“天主教双王”——费尔南多与伊莎贝拉这对雄才大略的君主的肖像。直到旅游回来查看资料才知道，他们在西班牙历史上是多么显赫的人物。不仅将侵略者彻底逐出伊比利亚半岛，更深谋远虑地资助哥伦布远洋探险，为西班牙的大国崛起奠定了坚实的基础。按说稍了解点西班牙历史的导游都会对此重点主动加以介绍的。可我们的李先生这时却无可奉告、闭住了嘴。

在马德里最著名的斗牛场前，摆放着造型生动的人与牛的各种塑像，引人浮想联翩。而这时多么希望能听到有关的讲解，让我们能对西班牙狂野刺激的角斗场面有更多的感受。而你却指望不上这位导游能给你什么帮助。

还有一次，让我有点着急。那是在马德里，问他什么时候安排去西班牙广场？这位导游一点没看重这个景点。我说，来西班牙在塞万提斯塑像和其笔下人物堂吉诃德铜像前留影可是个大节目。他好像对什么堂吉诃德不大知道，当他知道旅客忙于去广场，还是很快让司机把我们拉到那里，他自顾在车上休息了。

回来整理照片，看着自己在被称为马德里象征的西班牙广场上的留影，看着塞万提斯笔下那位狂热而侠义的疯子堂吉诃德的铜像，他高高地骑在马上，手举长矛和盾牌在那里英勇地坚守着他那理想主义的阵地。这时不由想到，那天，这个重要的一景差点被我们那位导游先生给马虎了过去。

后来，在一次碰巧遇到了另一位导游时，才弄清了事情的原委。

那天，即将结束西班牙之行，旅行社特在海边的一个相当讲究的餐馆招待大家吃西班牙海鲜饭。因为临水的座位不够，需要有人到二楼去就餐。我和同屋小王当即上了楼。我俩在一处有四个座位的桌前落了座。这时走过来一位中年女士和我们同桌。

一搭话才知道，她也是我们这个团的导游，她陪同的客人就是现在坐在二楼就餐的这伙中国人。

之前，我们隐隐约约听说，好像此“首航团”有 A、B 两个组。活动时有分有合，那天观看专门为我团演出的弗拉门戈舞时，除了我们，还有一拨中国男士在场。

原来，这拨中国客人的身份了不得。对西班牙旅行社来说，个个是可以给他们带来经济效益的财神爷。他们是北京各大旅行社的老总。此次是首次专程来考察和开发有关南欧旅游业务的。

可想而知，西班牙旅行社对他们会怎样尽可能地好吃好招待，把该展现的“好”全力加以展现。

而我们这30多名在报纸上看到了“首航团”广告而报名参团的普通游客，该是借了人家多大的光啊！

正因为把所有的“好”都照顾给了“老总”，我们同桌的这位高级导游自然配给了A组财神爷。至于B组的导游，凑合一下，找个人充充数也就行了。

我俩和这位来自中国台湾学过西班牙语的专业导游聊得很是投机。设想如果这几天是由她来陪我们观光西班牙景点，那会让人多长见识、多有趣味啊！

不过，那天我并没有陷于遗憾。我一边一粒一粒嚼着西班牙海鲜饭里硬如小石子一般的米粒，一边脑子里闪现出一个清晰的念头：这世间没有让你占尽便宜的事！像这次，你既享受了与老总们同等的“特殊”美事，你也要受点与此“特殊”同来的不合你心意的“待遇”。

天道是不容人“贪”的呀！

所以，我在恋恋不舍、告别西班牙之时，不由高高兴兴地小声哼起了童年时在学校里经常唱的那首老歌：“西班牙有个山名叫亚拉玛，人们都在怀念它，多少志士倒在山下，亚拉玛开遍鲜花……”

（二）荣辱功过 自有历史评说

在东欧旅程中，有两处特殊“景点”令我念念不忘。

一处是在布拉格市中心，我们看到了两大块并排摆放的黑色大理石板。上面刻有两个年轻爱国者的头像浮雕。下座上说明，他们是 1969 年为抗议苏联军队入侵捷克而自焚牺牲的。一位 20 岁，另一位 19 岁。当时他们被定为大逆不道者，并对此事在国内外做过报道。

看着这两位得到平反昭雪还原他们本来面目的年轻面孔，不由让人感慨万端！

另一处是在匈牙利首都布达佩斯一个街心公园里，有座纳吉铜像，如同真人一般大小。他站在一座象征“沟通世界东西方”的铜桥上，头略微偏向西方。塑像前没有更多的文字说明。但人们明白，这里表达的是对这位伟大的爱国主义政治家深深的敬意！

1958 年，时任匈牙利共产党总书记、匈牙利总理的纳吉被逮捕，经公审以大叛徒、大卖国贼而被处决。记得当时在我们许多中国人的心里，关于“纳吉是个大坏蛋”的宣传曾经留下了极深的印象。而事情的真相却是：纳吉是因为企图使匈牙利摆脱苏联的控制，主张改革开放、向西方学习而于 1958 年 6 月起事未成而获罪丧生的。

我在铜像前郑重地留了影并在这张照片的说明处写下了泰戈尔诗中这样一句话来表达我内心的感受——“人的历史在耐心地等待着被侮辱者的胜利！”

（三）在欧洲，看得最多的景点是教堂

在我游过了欧洲二十几个国家之后，才明白，原来我在欧洲走马观花式的参观中，看得最多的景点是教堂。

想来也不奇怪。欧洲文明发展的脉络，从来都与宗教相关。其建筑、绘画、音乐、文学创作、人的行为方式，乃至每个人的名字都要到宗教那里追根溯源。

信仰上帝就把最精美的建筑、最豪华的装饰都给了教堂。宗教既在人们心里，也在教堂里。在欧洲，教堂是最重要不过的人文景观了。

“教堂无所不在”，是我对欧洲密集的国家和城市最深的印象。教堂大多建在城市和乡镇最热闹的地方，敞开着大门任你随时随地就可抬腿走进去。

而且，欧洲人似乎有种默契，把所有的高度都让给了教堂。往往在很远的地方，你就可以看见哥特式或巴洛克式教堂的顶端。

几乎每一个城市都有一座或几座著名的大教堂。像是一件祖传的珍宝，一件有来历的文物，供络绎不绝的旅游者观光。而城市里更多的是小教堂。有人比喻是，多得有点像中国的街道居委会。

在欧洲，我们参观了太多的教堂，在我这个非教徒的心里，教堂是景点而非圣地。所以，全然是一个普通旅游者的心态：觉得哪里有意思，就对哪里多看两眼。所以让我觉得有趣并且记住的教堂就是有数的了。

我发现给我留下较深印象的教堂大体有三类。

一类是举世闻名、广为人知的教堂。如并列为欧洲三大驰名宗教建筑的法国巴黎圣母院、罗马圣彼得大教堂、德国科隆大教堂以及西班牙巴塞罗那神圣家族大教堂等。还有像建在匈牙利多瑙河转弯处的圣母升天大教堂，就其占地面积、规模、级别（权限、地位）属世界第四，欧洲第二。这座教堂的内外景观也让人留有印象。

身临这些世人景仰、闪烁着文化光芒、饱含沧桑与气度的教堂场景，俗人也会为之所动而肃然起敬。所以，总是不忘在这些教堂内外拍下“带我”的照片，留在自己的相册中。

再一类让我感兴趣的教堂是，里边除了供奉上帝基督以及一般教堂共有的圣母玛利亚雕像、耶稣受难十字架、圣坛、唱诗席等等，还有相当大的空间给了“名人”的碑和坟。这样的景象在欧洲许多知名的大教堂中屡见不鲜。

比如，在英国伦敦那座被列入世界文化遗产名录的威斯敏斯特大教堂里，一进大厅就可见石材地板上镶嵌着牛顿和达尔文的墓碑。按说科学和宗教不是一码事，但将科学家葬在教堂，对科学家、对教堂，都是一种荣耀。教堂里还专门给作家和诗人一块地盘，在三面墙壁上刻有大大小小的人物塑像。莎士比亚在塑像里风采十足，最为显眼。让人感到英国人崇敬上帝，也同样崇敬一代代伟大的诗人和作家。因为他们记载了自己民族的足迹，展示了民族的睿智和灵魂，使英国的精神得到提炼、升华和传播。

在有1500年历史的教堂、法国巴黎的先贤祠里不供神仙，只供贤人。在其三层建筑中，地上两层是教堂，伟人们的棺木则在地下一层。按拿破仑当时规定的标准“为国家做出伟大贡献的人”才能进入教堂这个墓地。墓道口顶端，有两个对称的独立棺木，是法国大革命的精神导师伏尔泰和卢梭。他们两位一个说平等，一个说自由，构成了资产阶级理想的两大基石。北翼的拱券每个墓穴都有好几个棺木。雨果、居里夫人、左拉、司汤达、巴尔扎克等都在其中。

意大利佛罗伦萨，这个似乎集中了地球上最多的艺术杰作的小小空间，在其一个连一个的知名教堂中，也几乎处处都可见“人碑”，如在被誉为“伟人祠”的圣十字教堂，就供奉着但丁的纪念碑。

欧洲国家的许多大教堂，简直就像一座国家博物馆。人们可以从中探访一个国家的历史、政治、文化、科技，触摸到一个民族的灵魂和精神。而这点又是与教堂中除了供奉上帝，还设置了“人的陵墓”直接相关。

这种与上帝同在的祭“名人”教堂往往让我更感亲切。因为在这里展示的不光是我平日很少过脑子的上帝，还有我熟知或令我敬仰的“人”！

还有一类教堂也让人过目难忘、记忆深刻。

像葡萄牙埃武拉镇那座震撼人心的“圣方济教堂”。这是一座由5000名大人与小孩的骨骼排列而成的“人骨教堂”。导游说，“如果你有胆量的话可以进去体验一下战栗的感觉”。我的同屋和身边几位女团员不想受这个刺激，我只好一个人进去仔细看了一圈，拍下了几张照片，你想，这座教堂我怎会忘了呢！

又如芬兰赫尔辛基有两座别具特色的教堂，也留在了我的记忆里。一座是著名的尼古拉一世大教堂。我从来没有见过这样简洁素雅的教堂，里外都以白色和浅绿色为主，基本没有别的颜色，也没有任何华丽的装饰。特别要说的是，教堂外面广场上矗立着俄罗斯沙皇亚历山大的塑像。他曾经侵略和统治芬兰多年。怎么还留着他？芬兰人说侵略属实，但他确实帮助了芬兰的发展，应该念着他的好处，不要推倒。

再一座是世界独一无二的岩石教室。这座开凿于地下巨大岩石之中的大教堂气势宏伟别具一格。从地面的大门口看不出什么名堂，而深入其中处处令人吃惊赞叹。里面有人在轻轻地弹着钢琴，独有的情调，令人陶醉！

旅游中参观教堂，一次次置身于庄严华丽、宽敞幽深的大厅里，抬头仰视祭坛中央受难的耶稣圣像，神秘肃穆中，心中不由会升起丝丝的敬畏与感动。每逢此时，我感到这是对我精神世界的一种抚慰与良性刺激。我从来不是哪一种宗教的信徒。但活到 70 多岁，我感悟到：人需要有自己的信仰，需要过一种类似宗教感的生活，这样，平日里你可以自恃，遇到困境时，它能给予你引领和拯救。

（四）　幸福是一种比较

去柬埔寨旅游，从北京乘飞机直抵吴哥。安顿后第一个观光的景点就是位于吴哥南部的被称为东南亚第一大淡水湖——洞里萨湖。

在游湖过程中，引人注目的是河中间时不时出现的一排或连成一大片的船屋。这种河上漂浮的家园是用树叶和茅草覆盖屋顶，下面由木头的柱子支撑盖成的。这是此地区老百姓的独特居所。他们靠打鱼为生。

当我们从游船上近距离观看这些没窗户没门的“屋”时，才发现真是家徒四壁，没有一件家具或床铺。只简单地放着做饭的土炉子和摆在地上的锅碗。船上拉着绳子晾着破破烂烂被子样的东西。每个“屋”里几乎都有好几个孩子光着脚在活动。男孩光着屁股，女孩穿短裙。还有的人家在这小小的空间养了几只鸡。团友们纷纷为这种极端贫困的生存空间而感慨万千。

在肯尼亚追踪野生动物的足迹，是以往旅游中从未经历过的。坐在一辆只容七八名乘客，车顶上可开启天窗的跑车里，在哪里都不是路，但哪里又都可以走的荒野中颠簸巡回，观看随机出现的野生动物，真是给人以极新鲜的刺激。我们共游历了3处知名的野生动物园，每处都要花费七八个小时以上，在黄土飞扬、剧烈颠簸中，去追逐、寻觅远处闪现的大象、斑马、猎豹、长颈鹿、野牛、羚羊等各类野生动物的踪影。

所谓“野生动物园”，完全不是我们城市“动物园”的概念。它是一片片面积极大带荒蛮气息的大自然天地。所有的参观旅程基本上就是乘坐小型跑车，在黄土飞扬中从始至终地颠簸。

我们的游览是从肯尼亚的那片上千平方公里的世界上最大的国家野生动物保护区——马塞马拉开始的。这座野生动物园是一片自然区域。这里是动物最集中的栖息处和色彩最多的大草原。我国中央电视台著名电视节目《动物世界》中，许多镜头是在这里拍摄的。我们这些久居都市的人，在这变幻莫测的云彩和荒野草原中，难得感受到人与自然、人与动物的和谐相处，以及独有的原始文化。

这里，路上很少有人影，只是偶尔可见当地土著牧民在自然状态下放牧的马群、牛群。只要看到我们的车子经过，远处的牧民都会微笑着向你招手。

正是在肯尼亚的荒蛮之中，一种异样的感触油然而生。

以往我对人群的生存状态以为只有“穷”和“富”之间的种种差别，这次在肯尼亚（回想在柬埔寨洞里萨湖湖区时已有所感）才更明白，原来在这个地球的若干角落生存着这样的人群，他们与现代文明基本无关，还完全“活”在最为原始的状态中。除了身上穿着遮体的衣服，吃一些天然供给的食物，用几件极简单的用品，没有多大生活上的需求，没有更多的“物质享受”。从这个世界只索取一点点能“活”着的东西。他们只求生存，谈不到活得是穷还是富。但是，他们与自然相融相通。从这些大人孩子的脸上，人们看到的是纯真的笑意。看来生活正以这样无限丰富、无限博大的可能性在往前推进。

这些年来，我既看了如柬埔寨的湖上人家和非洲肯尼亚土著人部落的贫穷生活场景，也去了世界上生活最富裕的北欧各国。尽管各处的人们物质生活水平有天壤之别，但他们脸上流露的笑意，却看不出有什么不同。

可以说，幸福是一种比较，但这种比较一定是在自己能亲自感觉到的范围内，没有比较就没有区别。世世代代生活在非洲丛林中的土著若没有对外部世界的了解，是不会感受到不幸和失落的。

反之，生活在物质社会极为发达、生活极为便利的国家的人们，若没有和其他地区的比较，也感受不到满足和幸福。而对处于最贫穷和最富裕中间的绝大多数人来说，如像我辈之人，若要感受幸福和痛苦都很容易，那就看你和谁在比较了。

（五） 人活在无限多样性的世界里

出国旅游中我屡屡惊叹于造物的神奇和天地的广阔。在感知文明是如此多元、自然是如此多样之中，明白了不同文化没有优劣。而且，这个世界是这样纷繁多彩。所谓“十里不同风，百里不同俗”，何况千里万里，地质、气候、血缘、语言、饮食、服饰、房屋、作物全然不一样。在人的生态上，包括生命节奏、教育背景、风俗特点、卫生习惯、心理走向以至人的表情、信仰、记忆、感受、思想和表达的方式等等都不一样。而没有这种无限的多样性就没有这个充满活力与斑斓多彩的世界以及它的文明与文化。

世界的多样性告诉我，世界上的事并非简单地非此即彼、非黑即白、非美即丑。并非所有的问题都只有一个正确的答案，世界上活着的人也是一个人一个样，每个个体都是一个独特的存在。人的观念、喜好、志趣、理想追求都没有通约性。人的活法更是各式各样千差万别多元呈现。而正是人们彼此间的差异才使生命如此有趣。

这多样性的大千世界深深地教育了我，让我思维上的狭隘与封闭有了改变。我感悟到，对人对事，为什么非要用单一的标准去评说与要求？为什么不能容忍、尊重以至欣赏这给世界添彩的多样性？无疑，我比以往变得更为开放大度。

旅游看景中，随着对自己“实在渺小”的感知，在心态上也明显地少了“霸气”。我告诉自己，对这个大千世界，你不可以拿自己当正确本身并以此去衡量和要求别人。对一些人一些事你可以不喜欢但不能不尊重。这些“明白”，使我老来在与他人相处时，注意品味别人的观点，发现别人的智慧，对别人行为的缘由多一点理解。近些年，待人处世上的谦和与宽容，带来的是自己活得轻松，别人也觉着舒服。

歌德说：“最真诚的慷慨就是欣赏。”而能够有欣赏的心态，谈何容易。对这个世界的认识，没有一定的高度和深度，你就拿不出这份慷慨。联系自己，虽然高度深度都差得挺远，可少了霸气，多了谦和，到底与高深拉近了一点距离吧！

第二部分

余生，我要……

第四章 谨防“老了招人讨厌”

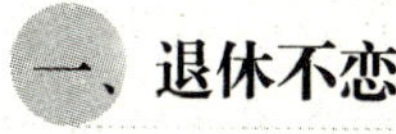

一、退休不恋栈

老了，还让人觉得你有多可爱，这恐怕也不大实际。但老人至少应当有点自觉性，注意别让自己太招人讨厌了。

人在生理和心理上总会随着躯体的变化而生出诸多的“老相”。比如多忘事、爱重复、听不见、动作慢等等，在与人相处时，不免让人觉得扫兴。如若你再不去有心注意，甚至倚老卖老、任性而为，那肯定要招人讨厌、惹人烦了。

我体会，像我这种不属公众人物的一般人，老来与人相处所涉及的范围，实际比起以往上班时大大缩小了。除临退休前后要与原工作岗位上有关的人打交道以外，剩下主要就是家人、亲戚以及有数的一些朋友了。

我退休之前，曾被身边的一些事深深触动过。当时，就曾暗自告诫自己，轮到我该退休时，一定痛痛快快及时走人，决不恋栈。

一件事是，一位朋友抱怨说，他的同事已办了退休手续，在单位办公大楼装修后，重新安排办公室时，没了这人的地方，他不干。结果后勤部门来了个“内部调剂”，把这位的办公桌放在了朋友的办公室里，为此，撤掉了原本放在那里的一张单人床，弄得我这位朋友中午没了休息的地方。

另一件事是，也是因为办公桌引起的不愉快。这是我亲眼看到的。搞卫生时有几位年轻人把研究室已退休的老主任的桌子放在了楼道里，迟迟没有搬回来。老主任看到以后大为不满，委屈地发牢骚说：没想到这么快就被你们扫地出门了。

周围的这些事，促使我决心就以撤掉办公桌这个最敏感的举动，表示大家都不用再伤脑筋，我将立马退休回家了。

我 61 岁那年暑假前已办好了退休手续。接着暑假期间，由我负责主持操办了一个暑期培训班。9 月初，回单位上班的第一天，我就悄悄地处理了书柜和抽屉里所有的文件资料，收拾好自己手头的东西，腾空了办公桌。当时，正在我身边忙着打字的秘书小刘对此毫无察觉。所以，当我指着办公桌对她说“这我就不用了，只留一只碗放在你那儿，等我来时喝水用”时，尽管她知道我在暑假前已办妥了退休手续，可还是对我一下子就这么撤离了没有任何思想准备，不由惊叫起来：“您这是怎么了，胡老师……”外屋的几位同事，也闻声围了过来，小齐嚷道：“没见过您这样的！至少也要把咱们《德育信息》给办到年底最后一期呀！”研究生小于孩子般地拉着我的胳臂连声问：“您就真这样不管我们，从此不来了？”

大家的留恋让我感动。可我知道，我这个研究室的小头目，起的作用十分有限，离了谁地球都照样转。我这样尽快撤出，让自己早平静，也让接任我工作的人和周围的同事用不着费神去考虑如何与你这个已退休的人相处，大家都感觉舒坦。

所以，我一直为那次“突然袭击”、乐呵呵地鞠躬谢幕不再出场，而自觉办得很漂亮。

说来，对自己的工作岗位和同事多有不舍，乃人之常情。同时，尽管平日上班忙忙碌碌、操心劳神，免不了有压力，有不满与不顺，可一下结束了那种天天上班做事、心有所寄的生活，往往觉得很不习惯。这也是人们常有的心理。但是，因此就总想要尽量延长时间来保留自己“在位”时的状态，不想一到年龄自己就将与现在所有的“好”完全无关。应当说，这种“不甘心”，似乎没有太多的道理。

人生在世，哪有永远不舍的人和事。既有开头，总有结束。岁数到了，就是该退场的时候。你已对国家、社会尽了几十年的义务，如今有权不再被要求干这干那，有权安排自己的晚年生活。可与此同时，你也无权再要求得到在职时你所习以为常的福利待遇。退休意味着，在这之前你所享有的名声、地位、金钱等许多好处就不再属于你了。对不属于你的东西，就要坦然放弃。这事其实赖不着别人，不甘心也没用，谁叫你的爹妈在此年此月让你在这个世界注了册呢！

二、改改好为人师的毛病

一个人的思维和气质常常由他所从事的工作打磨而成。

我年轻时，曾长期在中学做老师当班主任。工作中整天接触的是青少年学生。工作的实践日积月累磨炼出了我的教师风格以及那种随时都要想着帮人排忧解难的做派。所以，后来虽然不当老师，也离开了学校的特定环境，可落下了“胡老师”这个永随我身的大号以及一不留神就会暴露出来的职业烙印——好为人师。

（一） 开始觉悟

我开始正视自己的毛病，已经是60岁以后的事了。退休之初，我曾被北京市聘为有关教育科研项目的顾问。坐在专家席上，常会听到有些老人发表长篇讲话，重复着没有多少新意的老生常谈，让人觉得没意思、不爱听。可往往会议主持人会客气地虚夸说："×老师的精彩发言，让大家受益匪浅。"这时，我在心里赶紧告诉自己：其实你也一样唱不出什么新曲子了，以后在这种场合千万别自以为高明而夸夸其谈，惹人不待见了。

我还发现，一些老人的类似表现也是那样招人讨厌。

比如，大家一起聚会，就他话多，像个中心发言人似的一句连一句说个没完。只管自己痛快，全然不顾别人的感受。

有的老人特别爱给别人出主意，动不动就给你提出各种建议，告诉你应当怎么办怎么办。甚至过后还不忘询问检查你的执行结果，弄得你烦死还不好多说什么。

还有的上岁数的人自恃过高，常对子女小辈发出权威式的教导。对这种毫无新意的指手画脚你不爱听，也只能无可奈何地忍着受着。

看到这些，不由联想自己好为人师的毛病，恐怕也难免常会有类似的表现，只不过不自知罢了。因此，确实需要认真改改这个毛病了。而促使我决心要改掉毛病的主要动因，则是我对自己的为师水平从根本上有了质疑。

我深切地感到，随着退休年头的增加，我已适应了尘埃落定的老年生活。实际上已经活在了社会主流之外。尽管你看书不少，也号称做了环球旅游，可对如今转型期中国社会生活中有关职场、就业、投资、教育、买房购车、资讯等等，基本没有介入，也已经很不了解。所以，你的思维、观念、想法、看法往往与现实生活有很大的差距。不管你愿不愿意承认，反正你已经是个落后分子了。

我的学生，当初的少年青年，如今最小的一批也已五十开外了。自问，你这个当年的老师，现在还有多少资本去教育人家呢?

在阅读卢梭作品时，曾记下了他说的这样一段话：“懂得少的人喜欢多谈，懂得多的人，则宁可少开口。因为懂得少的人，认为他所知道的一切都很重要，需要告诉别人。懂得多的人则自知还有太多的不懂，所以，只有在必要的时候才开口。”两千多年前，苏格拉底宣称，唯一真正的知识是知道自己无知。

当我越老越感到自己还有太多的不懂时，那种话多、动辄指导别人的毛病无形中改了不少。

（二） 具体措施

为了少做招人讨厌的事，我提醒自己在与人交往时，一定要注意以下几点：

第一，在聚会或与人通电话之类的场合，要管住自己的嘴。不能光顾自己一个人说这说那，要让别人也有发言的机会。由此我想起两则有趣的话语。黄永玉在一幅画上画了一只鸟，旁边写了几个字：“鸟是好鸟，就是话多。”还有人说：“从医学角度看，所谓幼稚，就是既憋不住尿，又憋不住话；所谓成熟，就是既憋得住尿，又憋得住话。”我想，老了，憋不住尿难免，但我一定要让自己憋得住话!

第二，在与亲人朋友交往聊天中，人家没问你有些事该怎么想怎么办，没想向你讨什么主意，你就不要主动给人家出招数、提建议，不要像原先当班主任那样随时准备帮学生一把。

因为我明白了，人永远只能自己救自己。只有自己感悟到的东西才能真正影响和改变自己。总想去说服别人，改变别人，是相当愚蠢的做法。世界上没有比去改变别人更困难的事了。而如果人家只是跟你说说心里话或讲讲自己的遭遇，而没有想要从你那里得到指点，此时，你的“帮助”更起不了什么作用，还可能让人家听了心里不舒服。

第三，不要有意无意地炫耀自己的优越条件或显摆自己的幸福。比如，我的两个女儿早年定居美国，她俩懂得关爱父母，我曾多次赴美探亲旅游。在与老同学、老朋友聚会时，对这些我从不主动提及。养老院同楼的邻居也只知我的孩子不在身边，具体情况我也很少介绍。因为老人们的下一代什么情况都有，你没有必要去多讲你在这方面的优越。又如，近些年我频频出国旅游，走过世界不少国家。在一般场合，我从不多说自己旅游的事，也很少把出国旅游的相片册拿出来给人看。因为我知道，人们中像我这样有“疯玩”条件的人并不很多。而且，对你的那些兴奋事或留影，人家未必有兴趣想听想看。你不能只顾宣扬自己的得意而不顾别人的感受。

只在个别的时候，我才多讲一点。比如，一次小学同学聚会，大家知道我刚从以色列、约旦、巴勒斯坦旅游回来，出于好奇确实想听我说说。

我周围的人知道我经常出远门旅游，常常顺便问一下情况。这时我一般也只报个平安，不做更多介绍。对其中有些朋友，我会告诉他，我已把这些年旅游的事，写进了一本书里，等出版了，我会签名发送。

说起与人相处不让人讨厌，不由想到《红楼梦》里的贾母和刘姥姥以及美国费曼教授。

位高势大的贾母，常借年轻人的说笑自乐。她只是喜欢去听去看，而自己却很少夺席谈经、倚老卖老，也从不无休止地去做权威式发言。所以，招人喜欢。

而刘姥姥是山野之人，说的事、讲的话是贾府中“上层女性”闻所未闻的，故而有新奇感，不讨厌。

美国费曼教授是诺贝尔物理学奖获得者，为人幽默风趣、多才多艺。他有很多机会出席较为陌生的场合，和一些陌生的人在一起。每逢这种时候，只要没被揭露其知名头衔，他总要尽量装得糊涂一点、懵懂一点，尽量装得一无所知。他认为这是一件很好玩的事情，“让对方天南海北地夸夸其谈，自以为无所不知、无所不能，这样他知道的成了你知道的；他不知道的，你也不必急于告诉他。他不会觉得你自私，倒会觉得你深沉，善于倾听，何乐而不为呢?”这位很有人缘的教授以自己深领倾听的妙处而自得。

不过，以我的本性，实在学不了人家费曼教授那种全然“闭上自己的嘴”。但学着点贾府的老祖宗和刘姥姥那种恰当表现还是有希望的。

三、注意少招女儿发烦

从做母亲伊始，我就很少叨唠孩子，所以，我的两个女儿都没有感到过那种摊上碎嘴妈妈的烦恼，不过，妈妈是个老师，天天在学校里教育别人的孩子，回到自己家里，自然免不了“三娘教子”。

好在我这个“三娘”在女儿的成长过程中，没有用自己的价值观和偏好去硬性改造孩子。所以，大体说来没有让她们太觉得发烦、讨厌。

随着女儿长大成人，我也越来越老。她们又去了大洋彼岸，和我生活在两个世界。我发现，人老了，对儿女的心思好像更重了。我意识到，在这种背景下，如果还想继续做一个不招孩子烦的母亲，就必须对老来的变化认真审视，并对自己有新的要求。况且，对于这个在我生活中占有重要分量的母女关系，理应有清醒的认识和恰当的处理，让自己已经为时不多的生命旅程更多温馨与美好。

（一） 我的自觉性有所提高

可喜的是，年龄的变化，没有影响我和女儿如好朋友一般的关系，而且感觉好像更能交流与相互理解了。究其原因，从我这方面讲，最重要的是我没有随人的老化而变得糊涂。相反，通过读书、思考，我在认识上不断有所长进，特别是在如何看待“长者的教育作用”上更明白了

许多。

在阅读法国20世纪文坛上的杰出作家莫洛亚的著作时，他关于“人生经验非传授之事”的观点，让我深受启发并牢牢记住。他告诉人们，不要希冀儿女会爱听你的经验之谈。“因为经验差不多是不能传授的”。他认为，任何人都得自己去经历人生的一切阶段，“思想与年龄必得同时演化。有时德行和智慧是与肉体的衰老关联着的”。没有一种说辞能够把经验教给青年。他说，“经验的唯一价值，因为它是痛苦的结果。痛苦让经验在肉体上留下了痕迹，由此，把思想也转变了”。莫洛亚还说，对青年人强硬地告诫，“往往是危险的举动”。因为，这将引起青年人的反抗和老年人的失望。于是两代人之间便发生了愤怒和埋怨。“青年人往往是理想主义者，他觉得自己被父母的老生常谈的告诫所中伤。他会诅咒家庭和家庭的律令”。“听任孩子们自己去学习人生吧”，莫洛亚给出了如此建议。

18世纪法国伦理学家伏佛那葛也曾告诫父母：“老年人的忠告有如冬天的太阳，虽然光亮，却不足以令人温暖”。

印度哲学家奥修说：“知识是他人经验的积累，智慧则是自己经验的积累。别人没办法给你智慧。”

所以，我该闭嘴时决不多说，并非是心里想要传授经验，而怕女儿不爱听，才管住自己的。我是受高人智者的启迪，认识到自己所发的“忠告”实无多大作用而有的自觉性。

同时，出于对自己“实有水平”的认识，切实感到了自己在许多方面并不比女儿高明。有了这样一些想法，就让我和孩子相处时，做到自己快乐，也使女儿快乐有了思想基础。

女儿出国后，我和她们打交道的时间和场合大体是有规律的，一年里俩人分别回国探亲一次（3 周左右）。每个星期至少通电话一次（2～3 小时）。再有就是我不定期地去美国探亲。

（二） 让每周的越洋电话带来快乐

每周一次的电话聊天成了我们彼此生活中的重要内容。她俩给我打电话的时间一般都比较固定。比如小女儿总是在我的星期六上午 9 点多钟（相当她那里星期五晚上 9 点或 10 点，她们定居在美国东海岸，与北京的时差是半年 12 小时，半年 13 小时）。

说到打电话，不免对费用有所感慨。我们通电话永远是单向打来，即她们打给我。因为我实在支付不起往美国一分钟 2 块 4（前几年是 4 块 8）这样昂贵的电话费。而她们给我往回打的费用，简直可以忽略不计。一分钟合人民币就几分钱，比我在北京市内打电话都便宜。这样，两三小时下来，也就是几美元的事。美国的电话线路很多。为了争取用户，纷纷提供各种优惠，比如，你选我家的线路使用超过半年，就可获得 100 分钟的免费电话等。

我与女儿每周几小时的聊天，通常都是在“12点了！”“快吃饭吧！快睡觉吧！”的话语声中结束。说明母女的通话意犹未尽，说明谁都还爱听谁说话。

我非常看重电话聊天。我知道，在她俩生活的英语世界中这往往是她们一周中说中国话最长的一次。所以，每逢等着接电话的时候，我都会放下手里的活儿，像老和尚打坐一样，端坐桌前，调整气息，支着耳朵，一心只管等着电话铃声。

近几年来，我频频外出远行，通话中，我很少谈及有关旅游的经历和见闻。因为她们最关心的不是我的所见所感，而是我来去平安，身体无事。我把她俩列为送书对象，让她们从书中一览究竟。

由于我心里没有“三娘教子”的想法，所以，通话中听不到家长式的忠告，相反，倒不乏“子教三娘”的内容。她们主要是在消费用钱方面屡“教”老娘。比如，揭发我嘴上说“出门必打车”，可实际上还是常常带着优惠证坐公交车之类。听到女儿甩着京腔连说带笑告诫我要言行一致时，我嘴里虽然不服地辩解着，可心里却为自己享受到这种饶有兴味的“子教三娘”而倍觉惬意。

偶尔，通话中我还会念上一段自己感兴趣，估计她们也会喜欢听的说法。这些大多来自于我近期翻阅的书本和杂志，比如一次，和小女儿谈到相貌话题时，我给她念了一段“快乐法则”：“快乐法则的第一条是，停止再将自己的相貌与别人做比较，不要动辄与那些国色天香的美女比相貌，因为那样只会让自己情绪低落。聪明的人应懂得欣赏自己，接受自己的容貌，即使事实上你看起来只比恐龙略好一点，如此一来，你可能每天都会过得比美女还要神采奕奕、光彩照人。”听后俩人同为自己的长相到底比恐龙好看多了而开怀大笑。但这样的内容再好也不能太多太长，只调节一下气氛而已。不然，像给人上课似的，就不好了。

每周与小女儿电话聊天时，她常会向我说及自己周围的人和她对一些事情的想法与处理，以至我对她所在公司的美国同事以及她的中国朋友都有印象。交流中我每每为她的成熟而感到欣慰。她平日待人接物有原则谦虚诚恳，遇事不光只想自己合适，心中有别人，不忘别人对自己的好，懂得感恩。所以，她总有朋友，总能有小小的成功。和这样一个活得明白的小朋友，无论聊起什么话题，都会让人觉得是一种美好的精神享受。

而我与大女儿的通话，则又是另一番风景。我俩聊天的主要内容，一是关于小外孙的事；再一个是谈论看书和写作。平日里她看书多，中英文笔头都行。经常有文章见诸国内报刊。她于业余时间也在写书。二十多年在中美文化的夹缝里生存，使她的有些动议和设想常有新意。我十分愿意听她述说这些。而写书也是我养老生活的重要内容，所以，母女在这方面也好像总有说不完的话。大女儿思想活跃，说话间，对人对事常会冒出各别新意的话，堪称妙语，很是幽默深刻。我和她妹妹都很欣赏她的这种

“异向思维”，说一定要把她这些年说过的有趣的话编成“个个语录”（她的笔名叫个个）。

而这姐妹俩对老娘总体上的高评价，也常流露于话语之间。说来，朋友间最需要的就是看到彼此的长处并互相欣赏。否则，不会成为好朋友。

（三） 把女儿回国探亲的日子过得高高兴兴

两个女儿每年分别回国探亲一次，这成了我生活里的两大节日。而在一次次“过节”中，我发现，有些事我必须认真注意，才能把每次的节日过得大家高兴。

一个是不要老盯着人家说“吃这吃那”，总爱把“多吃点”挂在嘴上。女儿开玩笑说：“您怎么老忘不了用粮票肉票的日子呢?”看得出来，没说出“总让人吃，烦不烦呀!”就算是客气的了。

想想也是，如今这年月，怕长胖，时时惦记着减肥，劝人往嘴里多填东西是够烦人的。尽管当妈的看到孩子大口大口地吃东西心里才高兴，但什么事也不能一厢情愿吧。说实在的，管住自己不劝孩子“多吃点”这事真是挺难的。因为这是心之所想啊！好在老妈尚有一定的自控力，为了不招人讨厌，到嘴边的话，往往能咽下去。时间长了，这话也就被压抑得没什么要说的兴头了。

再一个要注意的是，女儿给我花钱时，要让人家心里痛快，要用欣赏的眼光去看待女儿的孝心。

最初，每逢她们花大价钱请我们吃饭或为爹妈购物花钱多时，我的那种“嫌贵”“不愿她们多花钱”的心态不由得溢于言表。女儿看了，不免要解释劝慰一番。

慢慢我明白了，人家高高兴兴让你享受生活，你推三推四不懂领情，这多让人扫兴啊！觉悟之后，我顿时有开通洒脱的表现，再没有把孩子的好意弄得别别扭扭，去办那种煞风景的事了。

比如，小女儿认为我的内衣太欠讲究，一心要让老妈提高水平、“上台阶”。我去探亲时，在美国给我添置了背心内裤，上品牌的胸罩。当时我知道肯定花钱不少，但用信用卡购物，具体金额我也没有概念。回京探亲时，她把我领到了“华戈尔”柜台，选了新型的长内裤让我试穿，一看价钱，200 多块钱一条。要知道，我平日穿的可是展销会上 25 块钱两条的棉毛裤啊。女儿出手不软，一下买了两条，说是换着穿。“既买之，则穿之”，女儿的孝心与实力咱领了。当即穿上一条新裤子，痛痛快快地“上了台阶”。一次，小女儿把我带进地处崇文门新世界商场的“哈根达斯”冰激凌店，她知道，我爱吃雪糕。在美国探亲期间，我们常去“哈根达斯”店里品尝冰激凌。那天，一进门，一副大字广告“火锅冰激凌”映入眼帘。我心里纳闷，这“火”跟“冰”能弄到一块吗？不想，落座之后没一会儿，服务员就端上了小女儿点下的这款“火锅”。广告上明码标价一份近 300 元。我早已练就对“贵贱”不做反映的本领。此时只剩下满心好奇盯着这份“火冰”了。

原来，真的是个加着热的黑白鸳鸯小火锅。一半是巧克力，一半是奶油。大玻璃盘里装着“涮料”——多种口味多种颜色的冰激凌。另有一份花样甜点和一盘切好了的精品水果。女儿拿备用的竹签戳起一块雪糕往沸腾的巧克力汁里一蘸，立马提出了一根黑皮紫雪糕。老娘兴冲冲地吃着，嘴里念叨：“还别说人家洋人一点不会吃。”女儿看了高兴，也原谅了老娘不忘把那份没怎么动的甜点小心地收进包里。

近些年大女儿一家回国已不再住我家里，而是找个附近的宾馆，主要是她不想给我添麻烦。同时，外孙大了住宾馆更宽松些。对此，我一开始就欣然同意，没有为他们会因此多花钱而劝说“回归”。

一次，大女儿回国，带我到世贸天阶一个号称供应世界多国风味餐的自助餐馆，据说，前几天有朋友请她来过，觉得不错，特地让我也来品尝。

要说这些年我可没少吃过中外各种级别的自助餐。我总的感觉是，在这里你吃不到任何真正有特色的食品。那天餐馆门口的价目表显示，此时段每位人民币 380 多元。下边好像还有折合成美元等外币的价码。管它多少钱呢，女儿领你来，你就乐乐呵呵吃。记得头一次去美国探亲时，总要把美元折成人民币，看见价钱，先乘 8，一下觉得什么都贵，等刚回国时，看见价钱，又想着除 8。但很快明白过来，在哪里过日子算哪里的钱，这么乘乘除除多累呀，并得出结论：挣美元的女儿，掏钱给你花，你甭多费脑筋了。我对价钱的木然，每每让母女都心情舒畅。

这次吃饭，还有个小插曲。我看到餐厅贴有告示说：凡60岁以上的老人就餐可以优惠，就问引座的服务员，“我已70多岁了，但没带证件，能优惠吗?”服务员随即找来了大堂一位管事的男士，他仔细看了我几眼，客气地表示，没带证件不好办理。

我悄悄和女儿说，他们多半怀疑我为了省钱而装老，女儿笑着说：“人家把您看得不到60岁，这多值钱啊!”

回顾这些年和女儿离多聚少的日子里，我分外珍惜相聚的时光，尽量注意自己的言行，不让聚会时的美好打折扣。

四、少给别人添麻烦，注意不打扰别人

熟悉我的人都知道，我有一条处世原则，凡花钱能解决的事，绝不麻烦亲人和朋友。

比如，我赴美探亲、出国旅游之时，常会有朋友说，可以开车送我或到机场去接。遇到这种情况，我都会谢绝朋友的好意，并一再表示，等遇到花钱办不了的事情时，我一定会请你帮忙的。

平时居家过日子，谁都免不了会有一大堆操心劳神的事。我年纪大了，又单人独居，生活上、身体上要处理的事显然更多了。对此，我告诉自己，人生的各个阶段都是有诸多难处的，你的境遇并没有什么特殊，仍然需要你以

独立而自信的心态面对人生。我应当尽可能地靠自己而不是依赖小辈或别人来过活。要做一个除非不得已，尽量不给别人（包括女儿）添麻烦的人。

我有一个学生把我当成自己的知心朋友，常向我倾诉衷肠。她的高龄父母都是医生。这两位高级知识分子到晚年，对子女、对生活的方方面面，仍然都有非常高的要求，弄得”她身心疲惫、不胜其烦。听了这位有孝心的女儿的心里话，更加坚定了我的想法。我再次告诫自己，子女有子女的生活，切莫只顾自己给小辈增加诸多的负担而不自知。

我有两个弟弟两个妹妹。大弟一家早年定居国外，其他几位均在北京生活。这些年来我很少麻烦他们帮我干这干那。

我的学生很多。我要求自己一定不随便要他们为我操心出力。除了上医院看病我常去找一个当医生的学生帮忙外，平时遇事很少打学生的主意。

与人相处，注意不去打扰别人，也是人到老年应有的修养。有位哲人说，“人生的最高境界是不受人打扰，也不打扰别人”。前者需要长期练出的“定力”，而后者则即刻可行。

我的经验是，凡遇到让我觉得有点不舒服不合适的事情时，我就要记住，自己一定不要这样做。

比如，不管你愿不愿意听，没完没了和你叨唠他自己和他家里的那点事。又如，把自家大人孩子的照片和大堆旅游的留影搬将出来，连讲带介绍地让你一张张看。再如，刨根问底打听你的情况等等。

其实，不打扰别人，说明你心里装有别人，你的老年生活就不会过于狭隘。

说来，人老了会给家人、朋友以至社会增添麻烦，这也是难免的。但老人脑子里有个“要少招人讨厌”的自我要求，于己于人都有好处。

不过，我想到，在人生的旅程临近终点，已经没了自立的条件，你的要强劲儿也使不上时，是否心态上也要有所改变？就像《相约星期二》里临终前的莫里老人，他示弱，他享受，他感到了依赖别人的乐趣。

当然，这和本章中说的谨防“老了招人讨厌”是两码事。

第五章

学着“对自己有办法”

一、本章题目的缘由

我61岁退休，一种身获自由之快感油然而生。同时想到，如果让自己的心也获得更多的自由，那是最好的了。而我知道，后者是无法靠外界或别人所能给予的，只能随自己对人生的逐渐彻悟而获得。

于是，我在心里暗暗地定下了一个追求的目标：要学着让自己的心智更加清明，而且要将这点明白付诸实践，能更从容地应对生活中遇到的实际问题，把老年的日子过得少些纠结、多些舒畅。

阅读中发现，我追求的这个目标，梁漱溟在《朝话》中只用了6个字就做了绝好的概括：“对自己有办法。”

《朝话》是梁漱溟半个多世纪前和学生的讲话集，共收有 60 多篇短文。此书于 1937 年首次印出，后经多次再版。我看到的这本是 1988 年作者 95 岁时的重印本。书中谈论的是如何认识自己，调理自己，进行自身修养。

在一篇题为“求学与不老”的简短讲话中，他说了这样一句话：“中国古人的学问，正是一种求得能了解自己且对自己有办法的学问。”我顿时觉得开了窍。太好了，老来我就踏踏实实地学习这门“对自己有办法”的学问吧！

二、“对自己有办法”与对“烦心事”的明达

一个人如果能够“对自己有办法”必会表现在他对“烦心事”的明达与应对上。

（一） 人就活在事中

人不是在真空里讨生活，活着就时刻离不开各种各样的事，特别是让你烦心的事。

其实，过日子过的就是事。想想，人活在世上，有谁能逃脱得了诸如天灾、人祸、困境、挫折、倒霉、不幸、艰难等之类由不得你的烦事，以及有七情六欲之人都难免的常情：不顺心、不如意、憋屈、不满、烦恼、痛苦、困惑等主观心境类的烦心事？

不管你认可不认可，反正你就得活在“烦心事”中。对此，古今中外，从智者大儒到世俗凡人都多有议论。

中国古人说得最为到位：“天道谁无烦恼，风来浪也白头。”

印度史诗《摩诃婆罗多》中巨马大仙教导弟子说：“要坚毅地忍受一切灾难和困苦。因为这是人类的一般命运，非某人的特殊遭遇。”

大仲马说：“人生是一串无数的小烦恼组成的念珠，达观的人总是笑着数完这串念珠。”

英国心理学家劳伦斯·彼得告诫人们：“某些忧愁和失落感是不可避免的，除非我们在年轻时就已死亡。”

美国作家桑德伯比喻说：“生活就像洋葱，你一层一层地剥开，总有一层会让人流泪。”

佛说：“我不入地狱，谁入地狱？”

信上帝的西方人认为：“上帝从来也没有把万无一失、一切到位的福分交给人类。”

平日生活中常会听到人们这样的论说：“人一生下来就哭，没有一生下来就笑的”“生而为人，就得受苦”“人生不如意事十有八九”“不顺心的事、倒霉的事，常会不期而至，挡都挡不住”“人生最不缺少的便是烦恼”“人生从来都是风雨兼程、险象环生的”等等。

种种议论，无非说的都是一个意思：人生在世，福祸相依、得失兼存，活着你就得摊上各种各样的事，“烦心事”是生活的一部分。诗翁泰戈尔说得更清楚：“最好的并不单独来，它和全体一道来。”

（二） 不怕事

有了“人就活在‘事’中”的准备，你就对“烦心事”多了一份承受力。

当你承认“烦恼乃人生在世的寻常遭际”“憋屈的事情遍地都是”“人生困境不可能根除也无法逃避”等之时，实际上就是对“事”之发生的必然性有了认识，这就是一种“认同”。

“认同”让人遇事时，不会认为天底下就单单是自己摊上倒霉和不幸。不会心里只有懊丧和埋怨。“认同”让人对“事”肯于面对，多了“正眼去看”的勇气。

当然，有事不怕事，遇事能以积极的心态试着跟它周旋。做到“很耐烦地活”，说来容易，做到不易，所以，它需要人的修炼，需要学着“对自己有办法”。

（三） 不找事

生活中有些“烦事”细想起来是我们自找的。比如：

沉溺于昨天甚至很久以前的一些已经无可挽回的旧事中，心里郁闷，反复回味，纠缠其中，不能解脱；

对渺茫不测的还未发生的“前景”心怀恐惧；

对生活的期望值过高，为没能实现而烦恼困惑；

与别人相比后，生出种种让自己不好受的和不如意的失落感；

为别人看自己的眼光或对自己不好的评论、误解而闷闷不乐，情绪低落；

帮助别人，别人却不感激，心里不痛快；

平日里，遇到堵车，天上突然下起倾盆大雨，看一眼报纸满世界的冲突倾轧、花样翻新的害人骗术等这些并非你赶上的事也可能引起你的火气怨气，让你不开心。

显然，如果你头脑中自有安顿的话，像上边说的这些烦事就可能不会发生。这就是说，有些不由你，是由别人或人的能力范围以外的事，那没办法。而由你的就看你如何选择了。

说来，“不找事”对人的要求是很高的。没有一点“定力”，对自己没办法，一不留神就会“自寻烦恼”。

不贪、不比、没有“思齐病”，对别人要求不高，无论自处还是对人都有自己的准则。如此，自会理智地引导自己，去面对生活，少些“自己找事”这类不明智的选择。

三、有效了事的应有心态

（一）遇事冷静

人类顶大的长处是智慧。而人智慧的起舞首先要求的是遇事头脑冷静。什么事都怕心慌意乱，心情不平时，心思不会清楚。若不能镇静下来冷静思考，就失去了应变能力。因为，只有安静下来，人的心灵和感官才是真正开放的，从而变得敏锐，与对象处于一种最佳关系之中。

日常生活中，有时事情的发生是极其偶然的。当事人必须立刻有所反应。所以，要求于人的首先是镇静，是稳住心绪，让自己保持冷静与从容，这样才能有清醒的头脑去应对事端。

创业有成的张亚勤，将“人沉静下来，智慧升起”当成自己的座右铭。

冰心说：“无论什么事情发生，生活仍将继续。”懂得了这一点，将使我们更容易做到遇事冷静应对。

（二）　处理事情简单化

事来了，冷静之中，最需要当事人能做出判断，抓住事情之核心所在。所谓“大道至简”，即最高深的道理都是可以简单到一两句话就能说明白的。当你把那些确实有点复杂或被你弄得复杂的事情简而约之成为几个简单的要点，你就会更明确了解决问题的办法而变得轻松起来。

用比较简单的方式来应对生活中各种琐细复杂的事情，不把简单的事弄得很复杂，不让自己为小事抓狂，是聪明人的一种能耐。

（三）　不堆积 肯放下

所谓“了事”就是把事“放下”。不让自己为困境或难受的事纠缠太久，不把烦事反复细加咀嚼。把拖累自己的“东西”尽快放弃。包括痛苦、灾难、不幸、失落、烦恼、压力等。

活着就会吃到苦。如果味道实在太苦，那就赶快吐掉，然后去漱口。如果是吐不掉的、非吞下去不可的苦，那就赶快吞下去。不管是要吐掉还是要吞下，反正就是不要把苦含在嘴巴里细细咀嚼。遇事久放不下，人就会烦、会痛、会累、会伤神、会心碎。到头来，已经不是跟事过不去，而是跟自己过不去了，从而“心在沼泽，身在沼泽”了。囿于痛苦与压力不能排解将如泰戈尔所说：“如果你因失去太阳而流泪，那你也失去群星了。”

你会发现，在自己一次次的“了事”“放下”之中，人就多了勇气，情绪也得到了保养与呵护。实际是你对自己“有了办法”。

四、我对自己有了点办法

（一） 面对无奈 享受孤独

我 70 岁时，老伴因病去世。两个女儿早就定居大洋彼岸，所以，那时北京方庄的家里，出来进去就我一个孤老太婆。一时间，落寞与无奈充满心间。

孩子提出，随她们去美国生活。如此，倒能跟女儿在一起了。可落叶尚有归根之情，我这片一辈子长在北京的老叶，临了怎愿落在离根的异国他乡？

去有去的好，不去有不去的理由，只能选定一样，反正你占不全。真是一个躲不开的无可奈何。

还有，多年来，两个女儿总是分别于年中和年末各回国探亲一次。

接她们回家时永远心甜含笑。可短短的团聚后，则是满心不舍与满眼泪花的告别。孩子不在眼前，盼着见面，可真是回到你身边，又知道如今北京的家远非她们久留之地，很多方面，她们实际已很不适应，按时回去倒让我更觉放心。于是，我又一次地品尝着与女儿间的聚与别的失落与无奈。

回想那时，我能较快坦然地面对了孤独与无奈，把自己的心安顿下来，是基于认识上的提升。

我明白了，人注定是要生活在缺憾中的，谁也不知命运给我们安排的是什么样的缺憾和怎样的无奈。

人不是神仙，在生活中总会有你无可奈何的时候。一个人不可能把方方面面所有的“好”都给占全了。你不得不把人生的一切缺憾随同人生一起接受下来。

活着，对自己无能为力的事情就要甘心和妥协，对悲欢的遭遇就要有和解与包容的心态。否则，只能跟自己过不去。不懂接受缺憾，其实是一种痴愚，是对人生的无知。

于是，我首先试着面对自己没有亲人陪伴的孤独。我发现，当我没了委屈情绪，接受了这份孤独之后，觉得自己跟自己待着，其实也挺好的。门一关，我可以用任何我愿意的方式和自己相处。门一开，单身的我没有更多牵挂，无须和谁商量，可以自由地迈开双腿到我想去的地方。

我的日子由我一个人做主。我频频参加旅行团去国外观光。虽然无人陪伴不免有诸多的不便与麻烦，可我的活动却享受了“特立独行”的乐趣以及品味了由此而来的种种“冒险”滋味。同时，老来自己独处感觉似乎手里有了大把的时间。我在不外出旅游的时候，就会尽情地做我想做的事。比如，坐在写字台前翻阅书籍，领略古今中外大师、智者们的高论，时不时动笔写点东西，记下我对人生的感悟。外面的喧闹世界一时仿佛与我无关。我的日子过得十分安静。而这安静不是静止不是封闭。我慢慢习惯了孤独，甚至不由得念起如今这孤身逆旅的好了。

独居生活，出了事没人知道。孤寡老人死在屋里，几天没人发现的事常有报道。两个女儿嘴上没说，心里惦念的实际也是这点。

请保姆照顾算是一个解决的办法。可如果在我全然能够自理的情况下，白天晚上都和保姆一块过，我还真是有点不甘心不情愿。所以，我从 76 岁决心不再出国旅游以后，就打定主意，找家合适的养老院，到那里度过我的余年。

其实，就是女儿在北京生活，我也会选择进养老院。这样会减轻她们的负担，自己和孩子都会更觉踏实。

我于 77 岁住进一所养老院。这里有专为老人的配套设施。看病、吃饭、照料等问题都得到了解决。在这里出来进去满眼都是童头齿豁的老者。大家谁也不笑话谁，谁也不显孤独。养老院的日子不由让你心里充满安然与平和。

对于每年送别女儿的离愁与无奈，我对自己也有了点办法。

开始时，只要目送孩子的背影渐行渐远，就会止不住地掉眼泪。我的办法是，索性关上门让自己尽情地哭个够。结果，真哭一会儿，难受劲儿就过去了。我问自己：能不能有比这样更高明一点的办法？于是，改用“转移注意力”法——准备好我平时特别喜欢玩而又总是舍不得花时间做的数独题。送走孩子，眼含泪花，一下子埋在数独题中。离愁的难受劲儿顿时被满脑子的九宫格和数目字挤得没了什么感觉。

不过，这终归是一种躲闪罢了。

随着看书学习、感悟人生，我觉得我有了直面离愁的理智。聚散乃人生常情。人生永远限制于月不常圆、花不常开、良朋不能常聚之中。人生就是不停地相识与分别，这是谁也无法躲得开的无奈。况且，没有分离的思念，怎能领略相聚的幸福？

接受了无奈，也就对自己有了办法。女儿来时，我必去机场迎接。抻长了脖子，两眼盯着出口的人群，等待着相见的拥抱，这是我生活中最幸福的一刻，决不能错过。而走时，就不去机场，只在住家楼下送别，减少伤感时间。孩子走后，虽然难免仍含泪花，但上楼回屋，很快就会以平静之心翻过了这幸福、相聚的一页，该干什么干什么了。

（二） 遇到烦心事，问一问

遇到让我烦心的事，问一问：这事最坏能坏到什么样？这是我“对自己有办法”的一个招数。我发现，当我静下心来，认真答复了这个问题之后，不安的心常常就会放松下来，感觉也会随之改变。面对了现实，处理事情的办法就会更为切实有效。

现举一大一小两件事说明我的体会。

一件大事发生在2009年我旅游出发前。那年9月初，我报名参加了一个将于9月29日出发去以色列、约旦、巴勒斯坦、耶路撒冷观光的旅游团。报名当天就交上了护照和团费。23日我到平时定期去做足疗的店里泡脚剪趾甲。不想，从未出过差错的修脚师傅失手把我左脚大拇指削破皮出了血。当时处理了一下，我也没有太在意。后两天忙着参加高中同学聚会和去旅行社参加行前的预备会。到了26日才发现左脚的伤口已经发炎了。我当即涂上了手头常备的消炎药膏，还用频谱仪烤了两次。可到27日一早，我觉出了事情的严重性，这伤了的脚趾隐隐作痛，发炎一点也没控制住。我马上去了附近的社区医院。外科大夫一看就说“你这是趾沟炎”。我心里着急忙问大夫：“这得几天能好啊？”大夫看了我一眼，“难说。趾沟炎有时很麻烦的，炎症可能会顺着淋巴往上走。”拿着医生开的消炎药，去治疗室做了伤口清理，涂了专用的消炎药物，心事重重地回了家。

当时，最先涌出的念头是，这脚要不好，后天的以色列之行，就有可能泡汤了。带着发炎的脚伤将直接影响旅游的观光行走，弄不好，旅途中如果淋巴发炎波及全身，那就成了极为严重的大事了。看着自己一跳一跳发疼着的脚趾，旅游可能去不成就这样严峻地摆在了面前。

一时间，我这心里简直懊丧至极。中东之行是我十分看重的一次旅游，这次得以参加目前国内很少组团去以色列等地的旅游，实在机会难得，就这样，临要成行却走不成了？

但我很快告诉自己，事已至此，瞎难受一点也没用，索性想到底，这事最坏的结果是什么样？仔细想想，无非是脚伤严重，以色列没去成，再搭上白给旅行社至少两千多块钱的补偿费。

这么一想，好像也算不上天大的损失。再说了，近些年，我频频出国旅游，次次都是来去平安无事，总也不能到我这儿就永远一点什么倒霉的事也不摊上吧？

自己跟自己如此一对话，堵着的心顿时开了个缝，给积极乐观的念想腾出了点地盘。于是，想到了现在自己能做的事就是认真服药上药，争取出发前能有渐好的情况出现。

我坐下来，先仔细阅读了消炎药的说明书。发现第一次服药应当用量加倍才对。而这点医生当时并没有多做说明。27 日一天，我认真地按时按量吃了消炎药。去医院换过药后，脱掉袜子，把脚放平，减少腿脚活动。过了 24

个小时，到了28日早晨，我的脚趾炎症没有加重，还感觉似乎比昨天轻松了些。感谢老天助我，照此下来，明天可以照去不误了！

此行集合的时间是29日下午6点。我于当天上午抓紧时间去医院换了一次药。然后把消炎药、外用药膏、纱布棉球仔细放在身边的挎包里，准时去了首都机场。飞机上、旅途中，我坚持准时吃消炎药，每天换药两次。一到酒店，就脱掉袜子，让伤脚敞开放风。这样到10月1日吃药5天后，炎症基本消失，我即时停服消炎药，仍敷用外用药膏到10月4日。这天我们住进了以色列死海旁的海滨酒店。当晚我撤掉了脚趾上的纱布，兴高采烈地随着同伴去了死海漂浮戏水。

回国后，我去足疗店泡脚时，把那位伤了我脚趾的师傅叫出来，悄悄告诉他，“你这次可给我找了一个大麻烦，以后给客人动刀修脚一定要特别小心才是”。他明白了我没给他声张的好意，忙表示感谢。

至此，脚伤这件麻烦事圆满结束了，我还给自己总结了一条，以后出国旅游前不能干动刀子的事了。

再一件小事，一天晚上9点多钟，我看见我家的电表闪现了红色数码，提醒我需要充电了。对此我早有准备。3个月前我已在卡里充值了1千块钱。于是找出了这张电卡，拎了个小板凳就去插放了。结果一插再插仍是原来的红字，就是不显示新值。再试两次仍没有用，我只好拿着小凳回屋了。是不是充值过了三个月就失效了？要不就是办理人员当时就没给充进去？一时还真弄不清缘由。都到快睡觉的时间了，要这么嘀嘀咕咕的，这觉还睡得着吗？用老招数问一问吧，回答很简单，这事最大的损失不就是一千块钱吗，况且，也未必就准是找不回来了。用不着再多分析，明天白天再试试看，说不定还行了呢。这么一想，漱口洗脚按时躺下，没一会儿就呼呼大睡了。

第二天早晨，想起了这事，又拿着电卡去插了。当我把它轻轻插进之后，立马就显示了新值。多半昨晚插的方向不对，没把带箭头的一端插对地方。看着没了红字的电表，心想，真不错，没白搭上昨晚的好觉。

我体会，“问一问”会使事情在你脑子里运转起来，一个问题被提出来并开始寻求答案之时，实际就激发了人的思维，帮人面对现实。总之，我对遇到烦心事不忘问一问“这事到底能坏到什么程度”的做法，很自以为得意。

（三）　了却由别人带来的烦心事

在现实生活中，人们难免遇到各种各样由别人带来的大大小小的烦心事。对此谁都会本能地产生不良情绪，但情绪反应的程度以及如何去应对，则是各人不同，完全由你了。

而像我这样一个退休在家的老者，和别人打交道的时候已经不多。如果能让自己在想法上清明一些，这类烦心事应当不难了却。

以下几条想法，我以为有点用。

1. 对别人不能要求太多

我常会告诫自己，在你的一生中，没有谁有义务要对你好，除了你爹你妈。对你不好的人，你没有理由太介怀。

有人帮你，是你的幸运；无人帮你，是公正的命运；没有人该为你做什么，因为生命是你自己的，你得为自己负责。

你对别人好了，但不能期待人家对你也好；你怎样对人，并不代表别人就会怎样对你。

有了这个“谁也不欠你的”念头垫底，遇到因别人带给自己不良情绪时，就能够“转念一想”，随之心会放宽，事会变淡，少了愤怒、抱怨、烦恼或委屈，让自己心绪平和下来。

2. 把心情留给“值得”的东西

不让惹你烦恼或你不喜欢的人和事在你心里有地位。把你的心情留给“值得”的人和事。要大手笔地清扫心情，让那些“不值得”的人和事败絮般随风而去，沉淀下来的都是“值得”。清扫过后，你得到的是一派的清爽！

3. 换位思考，给别人多一点借口，多一点理由

我曾以这样的想法处理过“电话扰人”的烦心事，并发现，当你宽容了别人，其结果首先是宽了自己的心，让

自己消了气。

说起扰人的电话，这事虽然不大，可确实让我烦了一阵。因为前些年为给老伴治病，凭着广告宣传，买过蒙药、藏药，云南、贵州、山西等的偏方药物以及各种治疗仪器。每次都留下了老伴的姓名和家里的电话号码。

不想，这电话成了卖药者推销产品的渠道。隔三差五准有电话打来，有一阵子竟然天天都有一两个，弄得我一听电话铃响心就发紧。特别老伴去世以后，每接到这种“吴叔叔在家吗?”的电话，我这心里总会被刺痛一下，不由带气挂断了电话。

但这事并不因此而能了断，电话仍然频繁打来。

怎么办？我曾想过，要么不接电话，可是，这样做又有新的麻烦。听到铃响，你得先忙着看电话显示的号码并加以分辨，想着别错过了你该接的电话。再说了，你今天不接，明天人家还打，不接电话也不是个办法。

这中间，我还试过，对来电首先询问“你是什么单位”，是想记录一下，看看有什么办法处理。我发现，对方从来都清清楚楚告诉你。而且，单位多多，所报的名称已经不限于原先买药的“单位”。看来，我家电话，作为信息，已经被多方交换传播。所以，你简直察不胜察、求告无门了。

要不换个电话号码，可这样做也有不便。你得把新号码一一告诉给亲朋好友，可难免有没通知到的，会引起朋友的不安或耽误了什么事，因此，也没进行。

我在一次次接“推销”的电话中，听得分明，这打电话的都是年轻男女，而且，没一个不是一句连一句紧着说，生怕你不接应。

于是，我这个老阿姨不由想到，这些孩子也都怪不容易的，拿着人家提供的电话本，一个劲儿地往外打，不过是为了吃饭谋生。况且，他们并不知道，这电话会刺痛你呀！

这么一想，我开始调整自己的心态并在接电话时以平和的语气说：“我老伴已经去世好几年了。你帮我把这个电话取消了好吗，多谢了！”这样说了之后，我得到的反响大体有以下几种：

有人听我这么一说就不再言语，啪一下挂上了电话。有人会马上抱歉说，“真是不好意思了！”然后挂断。还有的一听“吴叔叔去世了”，那你这个老伴还活着呀，于是，马上想与我对话，好让阿姨来代替叔叔。

说实在的，我每每从中深深感受到一种人心之间“善”的不同含量。为了断绝对方把目标转向阿姨，我把接电话时说的“我老伴”改成“‘这个人’已去世好几年了”，让他明白这个电话已经没有多大用了。

就这样，我的气消了，几年下来，扰人的电话也大大地减少了。到现在只偶尔还有个把来电。应当说这个烦事基本就算了结了。

（四）　不卑不亢求进步

一段犹太谚语让我喜欢并牢记心间。它说：“你需要经常在口袋里装上两张纸条，一张上写着‘我只是一粒尘埃’，另一张上写着‘世界为我而造’。”你看，它把一个人放在与世界的关系中认识自己，告诫人们，你不可“把自己太当人”，又不可“把自己不当人”。

说来，做到对自己既懂得“小看”又会“大看”，且能找到两者之间的动态平衡，实为一件很不容易的事。这需要人在认识上有点高度并对自己有比较清醒的认识才能做到。

我体会，当你有心关注解决这个问题，肯于学习思考，你一定会有所领悟，像我这样一个智力平平者，经过这些年的学习与“自我教育”，在这方面也能不断有所进步且对自己有了点办法。

1. “小看”　自己不自大

学习中，我发现，当我们说“我渺小”，因为对于宇宙而言，我微不足道。说“我重要”，因为对于我自己而言，我就是一切。但是，这个大道理，平时似乎用上的时候不多。因为在现实生活中，我们并不总以“宇宙”为参照物，我们常常是在自己生活的范围里与“人”，特别是周围的人相比中来感觉自己、评价自己、定位自己的。

从我来说，懂得小看自己是提高的重点。因为在这方面我的“起点”实在不高。

回想我从小到大，无论在家里还是在学校，都是处在家长和老师的夸奖声中。北京解放那年我在北京女一中读高中。18岁毕业后，入党并作为优秀学生留校任教。当教师伊始就让我教高中政治课做教研组组长。那时，生活在小小天地中的我，对自己就剩下一个“大看”了。

不想，工作整整一年，就因肺结核病住进了医院。历经5年病好恢复了工作。此时，和周围同龄人相比，已经大大的落后。但不服输的我奋力直追，到以后，一时压小的我，又慢慢往大里膨胀起来。

分析自己当时那种姑奶奶式的自命不凡，确也事出有因。从念书到工作，就在一所学校，家住北京城里，不知别处什么样。无形中觉得好像整个世界就是我天天出来进去的这所学校，我意识不到自己的闭塞和局限。相反，总以为在这所知名老校几十年里我经过风雨、见过世面。学生的家长从国家主席、将军、部长到庶民百姓，什么人我没打过交道？所以，自己虽身处基层，但在首都这个与中南海为邻的教育岗位上，不说见多识广，也决不孤陋寡闻。

最早让我受到触动的是20世纪80年代初，我由学校调到西城区教育局。面对一个区60所中学、100多所小学，后来又调到国家教委科研所以后，我才明白了自己以往的局限。原来我对教育现象的认识与工作问题的处理，作为背景与参照物的主要就是我长期所在的这一所中学。

这种立足点限制了一个人的眼界与思维，从而缺少宏观的视野和更广阔的感受。同时，在工作岗位的调动中，一次再次置身于新的群体以后，我更明白了以往自己的局限还表现在对自我状态的感觉上。由于长期在比较固定的环境和人群中生活，各方面都缺少新的变化与对比。工作上又驾轻就熟、得心应手，耳边听惯了熟人的肯定与赞许。所以，对自己的评价往往过高，对自身的毛病很少觉察。在富有自信心和责任感的同时，却也形成了自以为是、好为人师以及习惯封闭、稳定、有序的思想与心态。在这种“天下就我一所学校”的经历中，常常表现出好强、不饶人、事事都想依自己心愿的“姑奶奶作风”。

因此，挪动后，我获得的最大“活气”，就是天地变宽、视觉有新、思维方法改变。多了地区、人群、环境等诸多方面的对比，对自己有了新的认识、新的评价和要求，找到了自我状态的新感觉。从此，我好像更清楚了自己的分量轻重，再没有自视过高。而对自己真心实意地“小看”，则是在我退休以后。

随着我有时间多读了点古今中外的名篇名作，特别是开始了走向世界的旅游，使我在广阔的天地、神奇的道场之中感悟到了自己的渺小与微不足道。而这种“渺小”与“微不足道”一点也不抽象、笼统，它全然落在自己身上实有的那点经验、才能和知识上。论“经验”或“经历”，林语堂说得最为透彻：“较之宇宙之大、世界之广、物类之繁、事变之多，我所经验的真不啻恒河中的一粒细沙。”如果见多识广的林先生自比细沙，那我辈也就是轻扬微尘了。论“才能”，从大师、高人、智者的论著以及天地的造化中我每每真切地看出自己的平凡浅薄与能力的些微。论“知识”，苏格拉底有言：“自然多么奇妙，生命多么奥妙，人以自己的有限去认识宇宙的无限，却以为自己什么都知道，实在可怜。如果有真知的话，那就是认识到自己的无知。”

可以说，如今的我，懂得了“小看”自己，没有了半点的傲慢自大。

2. “大看”自己有自信

若问，你“大看”自己的是什么？我会回答：“自我感觉良好。”让我自我感觉良好的主要有两点，一是我做事勇于开始，不怕晚；再一个是有毅力，做事能坚持。

做事勇于开始，表现在我“50岁开跑”的经历上。我年近半百才赶上了改革开放。50岁，确实是一个迟到的起点，但要想在事业上有所发展，只能开始于这个通常人们认为应当结束的年龄。

我先是在工作岗位上做了一个“三级跳”。

47岁，我从一所中学“跳”到了北京市西城区教育局。

51岁，我毅然割舍了自己在北京市和原岗位上的优势，闯过在当时难以通过的“放行”和“调入”两个关口，“跳”到了搞教育研究的“国家队”——国家教委所属中央教育科学研究所（现国家教育科学研究院）。

随着眼界的开阔，又一次激起了我“向往新天地”的心气。我从即将退休的年龄，不怕晚地开始了新的连续的“跳动”：

59岁，我从多年来一直从事的“德育研究”，改行涉入医学，“跳”到了“学校健康教育”领域，主编出版了供中学生使用的课本教材。

61岁，退休后进入“艾滋病预防教育”课题。

64岁，应邀参加了世界卫生组织的一个“艾滋病预防”项目。

66岁，成为了美国福特基金会资助的艾滋病预防项目的领衔主持人。一年多以后又负责主持了该基金会支持的第二个有关项目。

68岁，开始出国旅游。

71岁，出版了我一本名为《瞧！我不怕晚》的自传体的书。

77岁，决定结束远游，出版了我的“不怕”系列之第二本书《瞧！我不怕暮年远游》。

78岁，撰写了我这本“不怕”系列的第三本书。

做事有开始的勇气，还表现在我平时遇事很少在脑子里先来个“不可能”，而一下给自己挡上了通路，对我想做的事，我不怕“试一试”。试试，就是肯于开始迈步。天下事“为之则易”。许多事在你解除了自己心理上的“怕”，敢于试着去碰它时，常会发现原来面对的并非庞然大物，不可得手。你只要见诸行动、往前迈步，路就会在你脚下延伸。而当你确实付出了相应的努力，生命中任何阶段都可能成为你新的起点并由此走出精彩。

我对自己“大看”的第二点是我做事有毅力能够坚持。我一旦认准一件事下决心要做，就不放弃、不回头、不急功近利，就要坚持下去做出结果。这些年我还能有效地办成一些事，无不得益于此。其中有两个“坚持”让我最为得意。

一件是我从 43 岁开始的天天晚饭后外出散步健身，到如今已经坚持了 35 个年头。

再一件是我从 48 岁开始的天天简记“时间账”。这事到如今已坚持了整整 30 年。

3. 对自己既“大看”又“小看”

人可以自我感觉良好，但不可妄自尊大，知道自己的浅薄平凡，但又不妄自菲薄。切实领悟这一“自我二重奏”的真谛，一直是我用心学习的重要内容。

近些年来，我不断寻求如何在“大看自己”与“小看自己”的动态中找到平衡，如何奏出和谐共振的乐音。通过学习和自我教育，我找到了一点演奏之法。尽管技巧远不成熟，方法也不一定高超，但到底是奏出了不卑不亢促我进步的曲调。可以说，我在这方面对自己有了点办法。

4. 定位“小狗”不怕“嗓子细”

阅读中，契诃夫的一段话让我受到极大的启示。他说：“自从莫泊桑以自己的才能给创作下了那么高的要求以后，写作就不容易了。不过，还是应该写，特别是我们俄罗斯人。而且在写作中还应当大胆。有大狗，也有小狗。小狗不应该因为有大狗的存在而惶惑不安。所有的狗都应该叫，就按上帝给的嗓子叫好了。”

这生动的比喻给我以一种思路上的改换。我仿佛一下找到了自己的位置。而当我把自己定位于“小狗”、承认了自己“小狗级”才能，人就安静下来。我明白了，作为人群中绝大多数的“小狗”们，其价值不在于与“大狗”相比之下的结果，要紧的是你是否肯叫，是否发出了你“小嗓子”所独有的声音。

我把这个蕴含人生哲理的比喻编成为一句“‘小狗’不怕嗓子细”的格言。它鼓舞我心甘情愿地把兴奋点放在尽着上帝给的嗓子大声叫，为这原本宽容多彩的世界留下自己嗓门有限但尚有特色的叫声。于是我的心态多了平和，我既能由衷地去欣赏、赞佩人家的“大嗓门”和大手笔，又能充分地发挥自己的“小嗓门”和小作为。

5. 坚持自己与自己比，改变“成功”的参照系

人活着总躲不开“比”，即使在“小狗群”中横向相比，也往往会对自己的状况不满，还会导致对别人的忌

妒。我意识到，必须改变“比”的着眼点，要从建立在以别人“成功”为基础的参照系中解脱出来，把“比”的眼光由属于外部的“别人”，转换为自己可能掌握的“自身”，即由横向改为纵向，以求活得更积极主动。

顺着这个思路，我的“小狗精神”又有了升华。我确定了“坚持自己与自己比，一定要有进步”的行动目标。

这样一来，首先让我对自己“一年老过一年”有了新的感悟。当你把着眼点放在自身，如果你61岁比60岁有了长进，今年比去年又强了一块时，尽管岁增人老天无情，可无形中你对“来年又要长一岁”，就少了点无奈，多了点勇气与新的期盼。

同时，我获得了一种解脱。我不必为朋友的过人成就而气馁不安，也用不着再去苦心攀比别人的拔尖作为。当我把精力用在了自己能掌握的那些地方，就大大减少了羡慕或忌妒他人的痛苦，人仿佛变得轻松主动起来。

还有，我对“成功”的追求也有了新的认识。

每逢年终我能对自己说“今年比去年又长了本领，对自己又有了超越”的时候，一种无比欣喜的“成就感”油然而生，尽管可能我所获得的成绩与超越同别人的辉煌相比平凡而又微不足道。即使社会只看你的结果，而你自己却要看重努力的过程，要从中感受自己存在的价值。

当我自觉今天比昨天更有智慧、更懂生活美、思想更活跃、更宽容大度的时候，我总为自己能有这种“与岁俱进”的情怀而兴奋，并激励自己依然以进取之心去翻开我小人物新一年的日历。

说来，这些年我学弹“自我二重奏”还是有成绩的，比如，我第二本不怕暮年远游的书出版后，听到朋友们的赞誉时，除了真心高兴之外，没有半点“我真棒”的想法。因为，从文笔上说，我一直为自己没能把看到的想到的更好地表达出来而心存遗憾。从见识上说，我走的地方越多，越明白了在这个地球上还有太多异国的美景、造物的神奇以及更广阔、更深邃的事物我没有见到，自己不过只触到了冰山一角。要说也有觉得自己有点“不平凡”的时候，这就是想到我的“傻大胆”。68 岁开始，没有同伴，还敢屡屡满世界地转悠。

老来，我就这样活在“大看”自己又“小看”自己之中并获得心智上的进步。

（五） 看开钱财 活得自在

平时，我在日常生活中很少为钱财伤神。相反，常常从花钱中得到快乐。其原因并非我在经济上有多富裕，而是改革开放以来，我对钱财在观念上有了改变，花钱有了点准谱而已。

回想以前人们过的是缺钱、少物、不讲消费的日子。像我这样的工薪家庭，每月除了固定工资，别无其他收入。有数的那几个钱，扣下必须支出的几大项，所剩无几，用钱上根本没什么可多想的。而整个社会的物质匮缺、商品简单，加上历史形成的重生产轻消费的观念，养成了人们省吃俭用、因陋就简的习惯，那时，大家在消费、用物上也同样不可能有太多的要求和选择。

而改革开放给人们带来了福分，客观环境发生了极大的变化，人们普遍有了提高生活质量的诸多条件。我在不断地感受变化之中，意识到应当改变自己以往应对财物的观念与方式，应当享受到如今好日子给自己所带来的更高的生活品质。

这些年来，我悟出了几条应对钱财的“道道”，使我在自己的本分生活中大大方方地花钱消费，尽情享受了“由穷变富”的轻松与潇洒。

1. 解除担忧 释放金钱

这是我退休以后首先想明白的一条。

我从中央单位退休下来，每月领取养老金，日常生活费用有绝对的保障。我享受公费医疗，绝大部分医药费用可以报销。对有病有疾的经济负担，没有太多的后顾之忧。我的两个孩子在美国定居，不需要我经济资助。相反，成年累月给我没少花钱。

上述这些，说明自己的养老生活，在经济上基本没有什么可担忧的。

再从收入来说，在我退休开始的一些年，除了每月拿退休金之外，一直有额外的收入。

有位美国学者这样议论：“人生的目的有二：第一是得到所要的东西；第二是享受这些得到的东西。只有最聪明的人才能完成第二个目的。”

“留下身后之财，是智者不为之事”是日本作家吉田兼好在《徒然草》中所说的话。我想，就应当听他们的建议，让自己更聪明一点，向智者靠近一点。

我根据自己收支的实际情况，对养老生活做了安排。然后，将手里的那点积蓄，做好可以随时启用、派上用场的准备。而不是把它们囚禁在银行，没有任何动用的打算，最终成了“身后之财”。

2. 为值得的事买单，不手软

什么是值得的事？健康、快乐、爱等等都是。而这些都不是简单花钱所能买来的。但是，如果花钱能帮你更加健康、助你找到快乐，给你的爱添加光彩的话，那就应当舍得花这个钱，而且不让自己手软。

回想起前些年我由“旅美出资”而获得快乐的事，至今都觉得此事办得漂亮。

2000 年我和老伴赴美的签证一办下来，我在电话里就对两个女儿宣称，此次探亲，我俩是要出些旅费的。女儿那边莫名其妙，一口一个“不、不”。接着搪塞道：“这事来了再说吧。”其实，她们该知道，她们妈妈说话办事可从来都是认真的。

我是想，我们此次美国之行，不是去照看外孙，也不打算守在她们的洋房里看家烧饭。我要去看的是大洋彼岸的场景，体会一下异国情调的生活。这实际上是去旅游、去消费，是想给我们的日子来点锦上添花。有如此的心气，你就要想明白，你得有一份差不多能支付旅行社费用的实力，才能享受起这份“奢侈”。否则孩子大人都觉勉强，那就不如不添这朵花，踏踏实实在北京过自己的“紧日子”挺好。

我还想，到美国说话听不懂，游览购物处处要靠孩子，那没办法。而花每一分钱也都要从孩子手里去拿，就是她们有此心此力，对于我这个一辈子花钱靠自己的人，实在是一种极大的不自在。

所以，一到美国我就先发话了：“为了让我俩此次探亲心情舒畅，我们准备按总花费的三分之一出资，这本身已经是让你俩花大头了。爹妈的脾气秉性你们也都了解，孝心莫如从命，这事也甭商量了，就依我的主意办吧！”孩子能说什么，反正妈妈在老吴家的“一元化”领导，就是在她们大西洋岸边的佛罗里达州也得照行不误啊！

事实证明，我的此项花费真给自己带来了快乐。想想不愿待在家里的那些日子，参加了美国国内旅游团，游览了十几个州，一个没落地观光了奥兰多迪斯尼世界的景点，平日逛超市购物，周末去各国风味餐馆品尝各种美味，这每一项全是要花钱的事。如果都要由女儿来支付，当爹妈的心里能过得去吗？事实上，你肯定要压下那些显然可以放弃的“过分”念想，你不得不时时提醒自己在花费上千万别太不自觉了。

所以，每当我在琳琅满目的超市，随心买点自己喜欢的小物件或坐下来品尝两款美式冰激凌的时候，心里不由为自己营造了这份舒心快乐而暗自得意。

回国后知道此事的亲友无不觉得我这个人做事够“各别”的。可我想，如果这“各别”能给我自己和亲人带来快乐，那就照这样“各别”下去吧！

而当我年近七旬之际，再次为出国远游爽快买单，则证明了我虽然年龄“老”了，但为值得的事花钱，所出之手，一点也没“软”。

从68岁至76岁，8年中，我频繁出国旅游，确实花了不少钱。但因为这些开支都是在我的财政预算里事先大体想好了的。所以，用起来很是爽快，心里没有多少嘀咕。

我支付旅游费用时，在两个方面始终舍得掏钱，从不过多计较。

一是坚持选大型的知名度高的旅行社或参加由高级人士组织的团队出游。同时，一定要选旅游目的国家之最佳季节，即该地的旅游“旺季”。这种选择，特别是后者，往往团费要贵很多。但我绝不为省几百几千块钱而改变选择。我的想法是要玩就要把钱花在点子上尽兴地玩。如果心里老惦记着省几个钱，那就哪里也别去，老老实实待在家里，一个大子儿不花，全都省了多好。

记得2003年我去北欧旅游那次，团费就比较高。因为这个由高级人士组成的旅行团，其行程安排非同一般。全程的第一个国家是俄罗斯，然后到北欧的芬兰、瑞典、挪威、丹麦，再由丹麦到英国。全程 20 天。北欧四国的观光路线是由两位曾于 20 世纪 50 年代任我国驻芬兰和丹麦大使馆的外交官精心策划设计的。当时报出的团费是 3 万 5 千元人民币。这在那时确实不少。因为买房子也不过一千块钱一平方米。我听到这个信息，觉得机会难得，没有半点犹豫，联系到有关人员，立马取出存款，报名缴了团费。

这次在最好季节、最佳策划下出行的旅游，一路下来，收获多多、心满意足，更坚定了我既定的旅游选团时不怕多花钱的主张。

说到这里，我想起，如若当时我那 4 万来块钱（算上途中购物等）没舍得花，放在银行里存着，如今 10 年下来那笔当时能买下 30 多平方米房子的钱，现在恐怕连 2 平方米人家也不一定肯卖给我了。

舍得掏钱的再一方面是积极参加旅游中各种“自费”活动。特别是有关“吃”的项目，不管贵贱，绝不放过。

旅游日本时，两次“自费”选吃，给我留下了深刻的印象。因为它让我的嘴跟我的钱包都受到了触动。

一次是游富士山之前，在箱根吃午餐。头天，团里提出的供选择的自费吃食是生鱼片。记得一份鱼片折合人民币大约是 700 多元。那是 2005 年的事，要说真不便宜。订餐时总共十几个人的团里，只有我和另一位团友报名。当时那位团友跟我商量说，要不咱们两家订一份，各分一半尝尝鲜好不好。我当即欣然同意。午餐时，但见拿来一份由碎冰裹着的密封且标明北海道出产的大包鱼片。服务员当面开封取出后一分为二，分别装在盘中。蘸着绿茸茸的芥末酱，品尝着北海道的彩色鱼片，心里真是美滋滋的。

再一回是在东京一家大型的韩式烧烤店用晚餐。也是头天团里提出这次供应的自费吃食是烤牛肉。价钱同样不菲，一份合人民币 800 多元。又是按老办法，我和上次那位团友两家分一份。

饭前，我心里好奇：这份贵牛肉能吃出什么名堂？果然，此牛肉着实不凡。服务员端上了一条不太大的长方形的密封包件。包皮上印着密密麻麻的日文。当面开封，分成两份，服务员帮我们在烧烤板上操作示范。我看得清楚，就是见热就熟，不用多烤。我照样把肉片在烧烤板上只翻动几下就夹上来放在了嘴里。这肉熟得快有香味不说，而且只需你轻轻一嚼，用舌头一抿，顿时就酥酥地化开，可以下咽了。“活到这么大岁数，真不知道这肉还可以‘嫩’成这样！谦虚着点吧，别老觉得自己知多见广了”。我嚼着酥嫩香甜的烤肉片，一边这样“贬”着自己，同时暗下决心：一定要趁着我还没太老，抓紧享受美食，不要辜负了我的健壮有为的胃以及又能说又爱吃的嘴！

“为值得的事，花钱不手软。”我于 77 岁入住养老院，选房间的时候，又表现了一回。报名登记时，因为一心只想着住进来就好，没有更多注意住房详情。倒是没忘在备注栏里写上了希望分个向阳的单间，意思是别让我跟别人搭伴同住。接到准予入住、去“评估”时，才发现除了我要的那种向阳的单间，还有其他 3 种型号的房间。其中最好的一种是由一间客厅加一间卧室的套房。从费用来说，这样向阳的两间北房要比其他 3 种贵了许多。

我一眼就看上了这个套房。我想，这些年来自己已经习惯在三室一厅的家里活动。现在腿脚又没有失灵，天天也还能活蹦乱跳的。如果入住那种一进门就是床铺的单间里，肯定会觉得憋闷。况且，既然已经打算把自己的余年“全托”到这里，基本不再回家，那就应当争取住进这个比较宽敞的房间才是。

关于房费的支付，如果住进这种套房，差不多要把我每月养老金全部交出才够。若加上日常生活的其他开销，每个月还需额外补进一些钱。但从我的积蓄中支付，应当不成问题。我意识到，把我手里的那点存款用到这里最恰当最划算不过了。老了，有个舒适合意的“窝”，每时每刻享用着它的好，还有什么比这个更值得花钱的事呢。

不过，事实上，如此细算这笔开支全然是后来的事。当时我决定向院方提出把“向阳单间”改为“向阳套房”是在我从楼上看房后返回一层办公室的几分钟里做出的。在办公室，我一再向接待我的院方负责人表达自己恳切的换房之情。回家后又给人家打电话，希望让我的“得寸进尺”能够如愿以偿。

很快，接到入住通知，院方还真分给了我一套“向阳套房”。我喜出望外，赶紧搬了进来。经过申请，同意我添放了我为自己精心购置的一张写字台，一把椅子和一个书柜。

亲人、朋友、学生来养老院看我，对这套住房自会多有评说，从中我分明感受到这事还真让我挺有"面子"的。没想到这个套间还带给了我虚荣心的满足。为此多花的钱好像更显得"值"了。

回想我当时能够几分钟做出决定，是因为，什么是自己老年生活中的"值"，在我是了然于心的。同时，对自己财政方面的承受力，心里也大体有数。所以，我在享受着这里的美好待遇时，真心地感谢养老院，还想为我快速的"明智选择"给自己发个奖章。

3. 不刻意追求金钱，不贪财

有人说，钱简直成了当今社会的"极点"，就像从地球上的北极出发，无论往哪里走，都是朝南。现在无论同谁聊天，无论谈起什么话题，都会很快说到钱。但我们逐渐意识到，这终归是社会大转轨时期暂时特有的现象。人们在新一轮物质需要满足之后，很快就会离开它，回过头来仍然要皈依精神。人的灵魂必需的东西是不需要花钱买的。精神才是人的最大的财富。当然，这种对钱的豁达并不是要你放过"通过自身价值的提高，在你事业有成之时，金钱将是其副产品而到你的生活中来"这种"取之有道"的机会。但我知道，退休以后，特别到了像我如今七老八十的年纪，这种"取之有道"的机会已经渐渐与我无关。所以，近些年，我除小有稿费收入，对其他"能来钱"之事一直保持头脑清醒。平日里，对发大财、得大奖之类的活动从不动心。遇有高利息、转手获利等大便宜，也躲得远远的。能够量入为出、收支平衡、不欠他人，我很满足。太多了，我不需要。

记得前些年，国人尚不知“传销”为何物之时，我的一位初中同学拉我参加“小钱变大钱”“发展下线”买营养品的活动。她热情地给我放录像、看图表，讲之以理、动之以情，把未来得钱的前景描述得灿烂辉煌。连听带看，弄得我晕晕乎乎。但有两点我觉得有点不大对劲儿。一是显然我要动员自己所有的亲人朋友和身边的熟人掏钱买这种我尚不明实情、不知效果的营养品；再一个是照她说的，这“大钱”来得也好像太容易了点。

回家后，又想了想，觉得这两个疑点都告诉我，此事不可参加。我当即打电话过去，一举做了回绝。之后才像讲故事一样把此事说给老伴听。两年后，此“保健品”的传销被我国明令取缔。不贪财，让我既没破财也未伤神。

再一件是近几年的事。我的一个学生动员我参加买树苗的活动。说此事既为绿化保护环境做贡献，又可以从投资中获得大大高于银行存款的利息。为公为私两全其美，何乐而不为！又告诉我，此为某某名人、某某明星操办，意思是有大钱的人的参与，应当很是保险。还说，定期有专车接送投资者去实地考察，让你看到你买下的树苗地处何方。

说实在的，这次不比前回。这些年来非法集资屡屡曝光，大家对此都多了警觉。当然，集资的手段花样翻新，宣传上也增加了力度，让人防不胜防。我听着这位学生有根有据的述说，一时也弄不清真假。但有一条，让我不会对此多费脑筋，这就是：我虽然手里没有多少钱，但足够供我过自己适意的养老生活，我没有想要更多钱的想法。于是，此事当即被我婉言谢绝。不久，这一闻名全国的“种树苗”非法集资案件被揭露了出来。老太太不贪财、不伤神，多好。

4. 人比财重 学会宽心

生活中难免没有消费上花冤钱的事。每逢我为花钱失误犯嘀咕时，就劝自己，总结总结，下次变聪明点儿就行了，何苦还要搭上一堆的后悔与懊丧。为什么不能让自己活得大气点！

遇到钱被偷、被骗之类的窝火事，我就让自己退一步想，“钱是没了，可人没伤着啊”，把“钱”摆在了“人”之下时，这“破财”带来的不痛快顿时淡了一层。

随着自己行年渐老，一种带点宗教味道的说法“这钱既离你而去，就要想，它原本就不是你的”，更让我对自己的钱财领悟了一份无须过多伤神的超脱。

（六）学唱“半字歌”，对自己说“够了”

2010年初，我从印度旅游回来后，觉得有点累，休息了两三天才缓了过来。而以往出去的时间大多比这次都长，可回家睡上一夜好觉，大体就没事了。还有，耳朵的聋也好像重了点。

这提醒我，要正视自己的年龄，对出国旅游的事要多点清醒了。我坐了下来，把旅游的事好好地想了想。我告诉自己，今年你已经 76 岁了。从 68 岁起 8 年来已经走过了五大洲的 38 个国家，“别再贪多了，见好就收吧！”当然，这世界还有许多好玩好看的地方你没去过，《世界文化与自然遗产》名录中列出的景点，你也不过才着了一点边。可你也不能太“贪”了吧，凭什么你要把这世上所有的美景都享受到了？况且，身体上的反应也让我明白，贪得无厌是要伤身体的。

想清楚了，立马见诸行动。决定从此不再出远门了，包括国内国外以及赴美探亲。于是不再关心报刊咨询上有关旅游的信息，做到一见“旅游”的字样，翻过去“省眼”不看。赴美探亲的签证有效期即将结束，不去续办手续，彻底与美利坚“拜拜”。老团友打来电话邀我随团出游，虽然都是我没去过的地方，但我连脑子都不多过一下，当即托词谢绝。

我常常在写字台的笔筒上贴张“自励语”的小条。2011 年新春之际我把它换成了如下的内容：标题是“七十七岁不再远游”，下边是“任何事情都不能走到尽头，必须有所保留”。《射雕英雄传》里说的最高一招，就是“亢龙有悔”，这和书法里的回锋一个意思。我已走过不少国家，到此为止吧！

我之所以能够干脆利落地“放弃”旅游，是因为我知道，对自己说“够了”，是一种人生智慧，我愿意不断地学习领悟、身体力行。

阅读中我记下了一位智者这样的说法：“除了要知道把握机会之外，一生中最重要的事是要知道应该在什么时候放弃好处。”

高人李叔同在他的一条字幅上只写了两个字：知止。知止比知足境界更高一层。知足是人家给多少，你接受你满意；知止是你自己到某个程度了，伸手去挡住，说：我不要了。知足是不贪，知止是不随。知止，就是知道什么时候够了，什么时候该走。不是难在不知道，是难在不舍得、不愿意。达于“知止”是我学习的方向。

杭州灵隐寺里有副楹联：“人生哪能多如意，万事只求半称心。”再联想到清人李密庵在其每行每句都带“半”字的那首著名的《半字歌》里，最后一句“百年苦乐半相参，会占便宜只半”，让人明白，世上有些事情偏偏就是“一半”的时候比全部更好。你看，“饮酒半酣正好，花开半时偏妍；半帆半扇负颠翻，马放半缰偏稳，半少却饶滋味，半多反厌纠缠。”所以，得出的结论是“看破浮生过半，半之受用无边”。

我想好了，就唱着这《半字歌》里“半思后代与桑田，半想阎罗怎见”，过好我的余生了。

第六章

在读书学习中寻找心灵安适

人的生命受到激励，才能活泼有力量。在我的晚年生活中，读书学习激发了我的生命活力，给我以心灵的享受与智慧的启迪。我在投入这些活动时，给自己营造了一种健康的“紧张”。天天都感觉时间不够用，总想着自己应当在“抓紧”上表现得更好些才是。就这样，老太太在乐此不疲的“紧张”中，找到了心灵的安适，觉得自己“活得有意思”。

一、从读书中获得精神享受

退休以后，时间上有了富余，可以随心做些自己感兴趣的事。张罗买书、忙着看书，是其中的一大项。

选什么样的书来看，我心里很有数。因为我清楚自己对什么感兴趣。“要知道人生多些，让自己愈活愈明白”，是我老来最为向往的。选书时，自然把涉及这方面的书视为重点。年轻时，我热衷读哲学类书籍。现在则集中选读大师们有关“人生哲学”的经典名著。比如，我把德国哲学家叔本华论及人生的著作差不多都买齐了。他的《人生的智慧》国内有两个不同的译本，我也都看了。我喜欢读中国著名学者周国平“人生哲学”的著作。他的书我基本看全了。而且，只要他有新书出版，我会及时买来。周国平信服哲学家尼采，我也跟着他把尼采的书和诗集一一找来、仔细阅读。

我还选了林语堂、胡适、梁实秋、梁漱溟、费孝通、丰子恺、钱钟书、李敖、余光中等诸多名家论述人生的书。

泰戈尔的诗中闪烁着深刻的人生哲理。我就把这位大诗翁的多本诗集买来，挑最喜欢的诗句，抄写背诵。

古今中外的名人传记，启发我理解人生。选书时也会列在项下。记得第一次阅读米开朗琪罗的传记时，被这位意大利文艺复兴时期“三杰”之一的雕塑家、建筑师的人生经历所吸引，推迟了晚饭，耽误了睡觉。第二天，从头到尾又看了一遍。后来，旅游到意大利佛罗伦萨时，像会见老朋友一样，赶紧到他的代表性作品《大卫》雕像前合影留念。前些年看台湾作家高阳写的《胡雪岩全传》，读得上瘾，全传共七本书，我硬是从第一本到第七本看了两遍，还做了佳句摘录。

近十多年来，我基本不进书店或逛书市。只是把要看的书目告诉给在美国定居的大女儿，由她从网上帮我订购。然后送货到家，见书付款。现在我阅读的中外书籍中，经我列出的只占少数，大多数的书是她帮我选的。她选书的途径主要有三个方面。一是根据一份信息提供比较客观、可信度高的英国读者评出的排行榜；二是参考网上经常列出的国内国外的经典著作和近期畅销书的排行榜；再一个是经她看过觉得值得一读的书。她平时看书多涉猎广泛。遇到好看的书，一当国内有中译本出版，我会及时看到。

这样，隔一段时间，我足不出户，在家门口就会收到一份份我所需要的精神食粮。

拿起一本新书，我惯常的做法是，先看前言序语之类，了解作者写作的缘起和目的。再翻看书的目录，大体知道全书的篇章组成。最后看一下书后的结语部分。

如今看书全然是一种非功利的爱好。所以，是否能让我感到愉快最为重要。一本书如果前几十页都吸引不了我，那我就会放下它，换另一本了。还有的书，只就其中有趣的片断，蜻蜓点水似的读一下就行了。因为，并非每本书都要仔细读或全部读。当然，手里拿上我喜欢的经典名著或引人入胜的好书，我自会舍得花工夫精读细品了。

阅读中，我常要在书上用红笔标重点、折页做记号，不怕破坏书的光洁。报纸杂志上的文章，我很少全文保留，遇有我看上的段落或语句，短的，随手记在我的专用本上；稍长点的，一律摘剪下来。既然书报是我的，就要以我为本，为我服务。我又不搞收藏，也不是从事某种专业研究的学者，我的书籍报刊随看随处理，无须储备，很少留存。

正由于老来读书没有任何功利的或实用的目的，阅读中才更多感受到精神的按摩和心灵的抚慰。

读小说的时候，我会被人物命运的不同而大大感伤。有时为主人公的悲惨遭遇而心酸落泪。这其实也是一种享受。因为灵魂在这一瞬间舒展而尽情宣泄了。有时对人物及其结局，从忧郁入深，又转而旷达光明，这种情绪转换带来的刺激与快感，也让我乐在心里。

阅读早一辈民国文人撰写的书，常让我获得另一种滋味的享受。他们那一代人的文章，比今天的白话文有味道。那种味道源于一种深厚的古文训练基础，在遣词造句时会自然地渗透出来。无论引一首诗或一典故，读起来都是那么别有韵味。

年轻作者写的书，也有让我这个老者喜欢看的。一本名为《送你一颗子弹》的散文体的书，就成了我放在手边的“开心果”。作者刘瑜是位年轻的毕业于哈佛大学政治学系的女博士。她的文字生动幽默、逗你发笑而又不失深刻。书里到处都是她的令人称绝的比喻。比如，在议论电视剧《欲望都市》里的四个女人时说：“怎么她们搞定一个男人，就跟超市里买棵大白菜似的，而我们要搞定一个男人，就跟抢银行似的?”讽刺韩剧的冗长，“女主角在第8集打了一个喷嚏，到了第80集才抽出纸巾来”。形容自己适应不了美国人的饮食习惯，“我始终保持着爱国主义的胃口，对祖国的饮食怀抱从一而终的坚贞……没工夫自己做的时候，就跟流浪猫似的，逮着什么吃什么，吃了上顿没下顿。每到吃饭时间就端着空空的饭碗，遥望祖国的方向，脑子里翻滚着水煮鱼、麻辣烫、香辣蟹等美丽的名词，喉咙里却不断地咽着痛苦的口水，完全可以说是饮食界的文天祥”。谈到自己不是知识渊博的人，就比喻说，“渊博的人是多么神奇啊，他们的大脑像蜘蛛网，粘住所有有知识的昆虫。而我的大脑是一块西瓜皮，所有的知识一脚踩上，就滑得无影无踪。出于嫉妒，我就四处散布‘知识智慧无关论’。我的观点是这样的：知识只是信息而已，智慧却是洞察力。一个大字不识的农村老太太可能看问题很深刻，一个读书万卷的人可能分析问题狗屁不通”。接着这位女博士又刻薄地说了一堆自己无能的话。一页一页翻看这样一本书，你能不开心展颜吗！

平时我还有收集幽默小品、笑话类小故事的习惯。我有一本自己剪辑的大本“笑话集”。里边放入多年来我从书籍、报刊上精选出来的名人名家逗乐逸事、幽默漫画图片、短语、小笑话等。

封皮上写着：“想找高兴，想开心地笑，就翻翻这个本子吧！”打开第一页是一小段“幽默”的定义，接着是“笑吧！这世界本来就是让你高兴的”，此标题下是华君武的一幅幽默漫画以及若干小段看了准让你笑出声来的文字。

我十分喜爱这本装着“快乐”的集子。我准备，如果我的亲朋好友，有谁情绪不佳，我会把他请来，泡上一杯好茶，摆上这本笑话集，请他翻阅。我相信，不出半小时，他定会面有笑意，心里清凉了一大块。

阅读哲学著作更是一种高级的精神享受。哲学让人从当下的具体生活中跳出来，给人一个更高的视角。有了这种视角，大苦难也会缩小、不会把你压垮，如果没有，小挫折也会放大，把你绊倒。没有哲学的理念，人会沉溺于当下具体生活中，把它看成整个世界，看成自己人生的全部。当然，不是说哲学能消除你遇到的具体苦难，但它让你拥有一个站在高处的自我，从而感觉眼前的任何遭遇都是短暂的、渺小的，从最后结果来看，都是一样的。谚语说“哲学烤不出面包，但它却能鼓舞我们的灵魂，使我们勇敢起来”。在一次次的阅读中，我相信，哲学道理能给人以智慧，哲学也属于智慧的人们。

谈到阅读，我要说一句要紧的话，这就是，一定要把时间花在阅读精品上。唯有沉浸于好书，特别是古往今来大师们的杰作之时，才会有真正的心灵感悟。

书中精品是人类最智慧的大脑留给我们的结晶。名著一般是经过了许多年代的考验，是被大师们的智慧之磨研磨了无数遭的精品。读的时候，像品尝烈火烹油的满汉全席，为人生之一大享乐。

英国学者塞缪尔·斯迈尔斯说：“经典书籍把我们带入最优秀的人群之中，带到人间一切最伟大的思想家面前，我们与他们灵犀相通，悲喜与共，仿佛感觉到，自己是在作者描绘的人生舞台上，与他们同台演出。”

确实，“与高尚思想为伴的人生永不寂寞”。阅读经典名著，让我感觉，那是一流的大师正陪伴在自己周围。我穿越历史的灰尘与他对话，倾听一个遥远的灵魂对我一个人的窃窃私语。那种感觉真是美妙至极。

人需要物质生活，从生理上来得到满足和寻求刺激。人更需要精神生活来享受文明，填补悠闲和滋润苍白。读书实为滋补光阴的养料，带给我们的是精神的享受。

二、读书助我理解人生

读书中我时时感到自己在增加着人生阅历。书籍把你带到现实生活中你没有时间、没有可能游历的世界。让你知道，除了自己所遭遇、所体味、所听说的，还有别种的生命方式、别样的生活轨迹。知道原来世界上有各种各样的人在用各种各样的观点和方法来看待生命、应对人生。

读书让我知道：许多事情，过去有过；许多问题，前人想过；许多办法，曾经用过；许多错误，屡屡犯过。曾有很多人为同一个问题而烦恼，我绝不是第一个。

读书给了我更多的参照系：看到光鲜、阴影、显赫、卑微、欢呼、哭泣、热闹和角落。

持续的书本熏陶，会让你发现生命的种种状态和根本处境；会触摸到生活的真实，特别是感知卑微生命的痛苦挣扎及弱小生命与命运的不屈抗争；感受刚强与坚韧、泪水与汗水；明白，原来更多的生命是如此艰辛地活在这个世界上。

在我近些年来阅读的小说中，有两本书曾让我动心动容，因而印象深刻，记住了它们。

一本是《朗读者》。作者是位德国人。书中的女主人公是个二战中的纳粹分子。此人为了掩饰自己的"文盲"而干了许多蠢事，包括参加纳粹。而这位不识字的女人，却有一种爱好，就是喜欢听别人给她朗读小说。看了这本书，我不由想到人们在评说莎士比亚时说的话："莎士比亚把人类生活中一切动机都画出来说出来了。他是一个伟大的心理学家，从他的剧本中我们可以学会懂得人类的思想感情。""莎士比亚已把全部人性的各种倾向，无论在高度和深度上都写得竭尽无余，给人以思维的乐趣。"《朗读者》关乎道德、关乎历史和命运，深度发掘人性，是震憾心灵的叩问。让读者除了有点恨这个活生生的女纳粹，还多了对她的同情以及对人性的悲悯。这本小说很快被好莱坞改编成电影，已在欧美上映。有消息说，此书作者已被诺贝尔文学奖提名。

再一本是前几年连续在排行榜上名列前茅的畅销书《追风筝的人》。作者是一位定居美国的阿富汗人。小说写的是以阿富汗为背景的故事。说来，从小到老，中外小说我也算读过不少，但像这本从一开头就让人心里发紧，以前还没有过。一种绝非喜怒哀乐所能表达的异样情感以及一种我从不知道的人间遭遇，弄得我心灵震颤。

书中描述的主人公人生中的一条主线或者说诸事发生的背景，是男童自小就遭到了“性侵犯”。在这个国家，男孩被成年男人“鸡奸”相当普遍，算不上什么大事。特别是生在穷困家庭的男孩，几乎很少能够幸免。看到幼小的生灵受到这种摧残，心里真不是滋味。

再比如，书中讲述在阿富汗惩罚男女通奸的惯用做法：挖两个相邻不远的土坑，把男女分别放在坑里。土坑的深度正好把人埋到露出脑袋和齐胸部位。旁边准备了大小石块。然后由围观者往这两个坑里扔石头，直到把人活活砸死了算。这样的场景真有点让人看不下去。

再有，书中细致地描述了这里的人们如何长年在战乱中度日的悲惨情景，才知道人间的有些遭遇比起这里，简直是小巫见大巫了。我不由抚书自语：对这个世界，我知道得还是太少太少了。

这些年我还阅读过不少古今中外名人的传记和回忆录。我看到，凡名人几乎很少有谁不是受苦受难的。但他们都能面对苦难保持正向的思考。以坚韧、乐观和勇气，最终超脱了苦难。于是苦难便化成他们生命中最肥沃的养料。

当我通过书本知道了许多人命运的大跌宕、大苦难、大绝望、大抗争，对自己一生遭遇的所谓“不顺遂”就有了新的眼光和感悟。

记得在阅读精品名著美国作家房龙的《宽容》一书

时，我就联想到那场曾经深深触及我的皮肉和灵魂的“文化大革命”。作者从人类几千年历史中论证，人利用专制的制度来进行斗争是没有出路的，而有出路的还是宽容。全书用讲故事的形式，把深邃的道理娓娓道来。我原先一直以为，像中国“文化大革命”这样的人整人，恐怕是空前绝后的了。而看了房龙笔下欧洲历史上那些“不宽容”的惨烈史例，我才明白，我对人类历史的发展进程及其全貌，还是一个无知者。

长久的读书使我养成了恭敬的习惯。因为读书使我知道了天地间很多奥秘，而且知道还有更多的奥秘不曾被人揭露或者我还远不知道。我绝不敢用自大的眼神看视天下。读书像是和“高个子”打交道，我时时看出自己是个“矮子”。读书让我知道了这个世界可以为师的高人太多了，我必须保持小学生一样洗耳恭听的姿态。

读书可以让人平凡生活的狭窄，变成一片无垠的开阔。所以我们说，读书养心。一个人心灵辽阔了、自由了，自我明确了，他跟这个世界的默契程度就大。当然这不是说，这个世界就能变得温柔了。默契来自于我们改变了自己与世界相处的态度与方式。

论及理解人生，周国平说得透彻：“人生中的大问题都是没有答案的。但是，一个人唯有思考这些大问题，才能真正拥有自己的生活信念和生活准则，从而对生活中的小问题作出正确的判断。”而读书学习正是可以促进你的思考。

经常看书学习，让我的思维没有因年龄老化而迟钝、萎缩。因为阅读是一个不断转换符号的过程，迫使人的神经像拧紧的发条，处于兴奋之中，从而保持了思维的敏锐。所以，我对阅读充满感激。

说到读书的“好”，这里引几段高人智者的说法作为结语。

赫尔曼·黑塞说：“世界上任何书籍都不能带给你好运，但是它们能让你悄悄成为你自己。”

契诃夫说：“人要有三个头脑：天生的一个头脑，从书中得来的一个头脑，从生活中得来的一个头脑。”

高尔基说：“我读的书越多，就使我和世界越接近。生活对我变得越加光明和有意义。”

弗吉尼亚·伍尔夫在《一个人的房间》中说：“若以书而论，每本书都会变成你自己的房间，给你一个庇护，让你安静下来。”确实，一本好书会让人安静下来，会让人有内心生活，找到心灵的安适。

王安石说：“贫者因书而富，富者因书而贵。”

余秋雨曾经这样评论书籍的功能：“只有书籍，能把辽阔的时间浇灌给你，能把一切高贵生命早已飘散的信号传递给你，能把无数的智慧和美好对比着愚昧和丑陋一起呈现给你。区区五尺之躯，短短几十年光阴，居然能驰骋古今，经天纬地，这种奇迹的产生，至少有一半要归功于阅读。”

最后，是一句像我这样凡人说的大实话：一本好书往往包含了作者一辈子的经验和智慧，而我们只需要数小时就能吸收，花有数的几块钱就能换来。天底下没有比这更便宜的事了！

第三部分

老来，我才更明白……

命运，蕴含在你每一步的取舍中

如今，我年近八旬，亲人朋友见我活得潇洒，总爱说我“命大多福”，说我有“一般人比不了的好命”。我想想，也觉得确实自己的命运不错。

一、把人生拉长了看

那么，命运是什么？印度政治家尼赫鲁对此曾做过生动的比喻：“人生如打牌，发到你手里的牌是定了的，但你的打法却取决于你的意志。”是的，一个人的天资、门第、出生地、国籍和肤色，以至出生时代，都如一张张发到手里的牌，个人并无选择的余地。但拿到这一手或好或坏的牌后，怎么个玩法，每个人都有一定程度的自由。也就是说“命运”，其实有两个部分，一半为“命”，是客观的，由老天定的；而另一半为“运”，是你个人主观上能够争取、抗衡、选择、运作的。前者规定了一个人遭遇的可能范围，后者则是你对遭遇的反应方式。由于反应方式不同，相同的遭遇就有了不同的意义，而形成了人的不同命运。

老来，回顾自己一生几次大的转折，追究其中藏着的“命”与“运”的组合，使我对人生和世事有了更为深刻的认识，并且明白了：你的所作所为最终决定你的命运。命运其实蕴含在你每一步的取舍中。

以我年轻时生病住院的经历为例。19 岁那年我患了当时被称为痨病的肺结核，就如同今天的癌症，死亡率高又没有特效药。住院三年多，病情不见好转，且日趋恶化。转至外科病房，决定做一种刚“进口”的“刮肺”手术。不想，一次再次的意外巧合，使我两次都没能上成手术台。但却由此躲过了这个不成功的手术，从死里逃了生。接着做了实验性的“填球”手术。而我又成了这个以失败告终的实验性手术中的幸存者。几次三番逃脱死神，这该说是“命”，是上天对我的极大眷顾。而“为什么活下来的是我”，除了这个不由自主的“命”，“运”的作用也是同时存在的。

在我生病住院的 5 年以及之后“带球”而活的日子里，正是我的乐观性格、较强的承受力、精神上有召唤等主观因素，让我的“运作”没有辜负上天给我的“大命”，而合成了“我能活下来”的好命运。

我生性乐观，遇事不往坏处想。在医院，我居住的两人间病房里，常常空出床位，留下一个人身体压过的褶皱。这是我的同屋病友被转送到了病危的单人间。还有个别人是被家人接出了院。而我全然像个留守员，接待着一位位新入住的同屋。每逢这种时刻，我没有太多的激动。因为我知道，虽然我的病总不见好，可好像一时还不至于送单人病房；而出院的事，反正一点没有我的份儿。平时躺在床上，我从未因化验或照X光片的结果不良而担忧可能发生的“假如”，也很少为自己身上难受或不舒服而犯嘀咕。经常会听到病友们述说议论痨病的缠人和可怕，但我很少联系自己而徒增担忧。总的说，心情一直比较放松，思想没有太多负担，保持了与病的和平共处。所以，胃口和睡眠都没有受到太大的影响。这点十分重要，因为它使身体抵抗疾病的实力少受损失。

还有，我从小形成了做事自己拿主意，遇事勇于独立承担的性格，承受力强也是我能“战胜”疾病的重要方面。

我家境小康，在长辈的娇生惯养下，从小就由着我自作主张，任性而为。上小学时，家人一向不管我的功课。任凭我争考试第一名，争在女生堆里当头头。15岁在北京女三中初中毕业。接着上什么学校？父母不在身边，爷爷奶奶不加过问。而我一心想上北京师范学校，毕业当个小学老师，好早点工作，可该校的考试时间和女三中在同一天（北京刚解放，学校尚无统一招生制度，招考事宜各校自行安排）。而考取女三中我有十分把握，为保证有学校上，我放弃了师范学校。当时，还报考了北京女一中。在我被女三中和女一中同时录取后，我选了老校北京女一中读了高中。考学校的这些事，全都是我自己在脑子里转悠决定的，没人商量，没人帮忙。读高一时，我去了一处矿业单位应聘。因为当时，父母在上海，我和祖父母三口人即将断了生活来源。我打算弃学务工，挣钱养家。这是1950年北京解放初期的事。接待人员对我有高中文化表示满意，但几个人研究再三，还是因为我是个小女生不大适合他们的工作性质而没录取我。否则，我那时就跟他们到矿山干活去了。这件事的前前后后，我从来没有向家里大人说过一句。18岁在女一中高中毕业，作为优秀毕业生被学校留校做教师。但同时也需要放弃上大学深造的机会，对此事，我没有半点犹豫，当即欣然服从组织决定。虽然此时我的父母已经回京，但我的事我做主，没和大人商量，只把这件事当作一个好消息告诉了他们。

生病住院以后，以往形成的这种勇于自我承担的习惯，让我面对病痛时多有忍耐与坚强，在应对不顺时能够自我调节，不至于泄气到底。

记得当时，最让我受到刺激的是那些定期拿到手里，一看就心里发沉的化验检查报告单。那时，医院里规定，每个星期查一次痰，每个月照一次透视，三个月才能拍一回肺部X光片。痰里带菌的符号，按显微镜下看到的量，分为“－”“+”“+ +”“+ + +”。而我次次都是多于“+ + +”的“满视野”。服用过新药或做过什么治疗以后，盼望能在自己的化验单上不见那三个字，哪怕来个“+++”呢。结果，没有一次不落空的。照透视也是一样。一个月下来，看不出一点“好转”，还时不时出现“病灶有扩散”的记录。眼巴巴盼着过了90天才能照一回的X光片，主治医生查房时拿着我新照的片子，总是眉头紧皱。我知道，医生心里正在嘀咕该如何把这“不怎么样”的结果向这女孩交代。一年四次拍下的X光片，记下的是我肺里结核病菌一派的兴旺发达。在我的住院生涯中，周周、月月、年年，几乎没有过一条好消息。在我的经验里，好事简直永远与我无缘。

在内科住院期间，我穿着病号服，在这所被隔离的医院围墙里一住就是三年多。回想这一千多天的病号生活，我真没少受罪。首先是接受各种办法的治疗。这期间，我打过“气腹”：往腹腔里注气。做过“压神经”：把颈部一侧的神经碾碎麻痹，使横膈膜提升不降，以此来托住肺部。病友戏称此为“歪脖术”，因为术后的两个星期都要歪着脖子。还做过“自血疗法”，从自家胳臂的静脉里抽出30cc的鲜血，立即注入臀部。由于肌肉吸收不是一时半会儿，臀部带着大包，白天坐不下，晚上躺不了。刚消点肿，又来一回。那滋味实在不好受。

此外，为杀灭结核菌，把大蒜液不经肠胃而通过气管直接灌入肺部。还做过气管镜检查（那时尚无现代造影方法），这要悬空脑袋，躺在手术台上，由几名助手将全身摁住，医生把病人下巴掰成直角，将一根带小灯的金属细管，从嘴里直接插入气管。顿时，人就憋得脸紫眼红、全身弹起，那情形全然受刑一般。

除了治疗，再一个让我不得安生的是自身病情带来的难受。最烦人的是动不动就支气管发炎。肺上有病，整个呼吸系统不灵，气管出事，在所难免。犯病时，常常高烧不退，胸腔里呼呼作响，嗓子像塞了棉花套，浓痰咳不出来。白天咳嗽不断，晚上躺下憋得睡不好觉。每次都要卧床休息、减少活动。注射大剂量的盘尼西林，才能控制一下。但频频发作，无计可施。

好在我受罪的时候，心里从来没有觉得自己最苦，最倒霉。身边病友的情况让我知道，得了痨病的人，十有八九是要吐血的。吐血是肺病的典型症状。有的咯血，像林黛玉那样，少量的痰中带血。还有的是大口吐血。而我这个重病号，肺虽烂出空洞，却因病灶离血管较远，竟然一口血都没吐过。其实，吐血造成病人失血在其次，主要是让人心理上感觉特别不好。我庆幸自己“会病”不吐血。

同时，我还常以感激之心想着，多亏爹妈给了我强健的肠胃和神经，让我在治疗和病痛的折磨中少受煎熬。有了这些念头，对犯气管炎难受之类，就没有了抱怨，也不觉得自己受了多大委屈了。

后来，到第四个年头，我被转到北京市结核病医院外科，做了“填球”手术，这中间，也受了点罪。手术前，陈大夫告诉我，考虑到我年纪轻，身体基础尚可，将不做全身麻醉，让我做好准备。这样，手术那天，从早晨八点进手术室到下午两点来钟推出来，我始终头脑清醒，全部声音都听得一清二楚。由于要大量出血，大夫们在给我左臂静脉点滴输血的同时，还割开右脚踝骨上的静脉插进管子往里灌血（此处至今留有伤疤）。手术台上我一不紧张二不怕疼。我明白，我能躺在这里挨刀受罪，是自己几年来苦苦争来的呀。

不过，手术后倒是难受了几天。被推回病房以后，麻药退效，疼得我大汗淋漓。手术后医生说，刚开始时右胳臂一点不能动。我想，不行，那不成残废了。我就从第三天起忍着疼开练：躺在床上用手指抠着墙一分一分、一寸一寸往上挪，几天下来，到我下床走动时，已经可以高举右手给自己梳头了。

我住院治病做手术，牵动着家里亲人的心。我住的这所医院地处北郊。当时尚未通车，出城后要步行好一段路才能到达。而每个星期父母都必在探视时间带着水果吃食来看我。见面时，我总尽力给他们一张没事人似的笑脸。不抱怨生活、不诉苦的性格，让我虽然没喜可报，但也绝不报忧。我受的罪自己承担，不能让爹妈跟着操心难受。反正我是公职人员，不是未成年的孩子，诸事无须家长介入。又离得远远的，许多事我不多说，他们就不知道。父母深知我的脾气秉性，尽管放心不下，但也不多追问打听，不做让女儿不高兴的事。

我的这种不诉苦的心态，对我的“抗病”大有好处。不抱怨、不诉说，就是让自己不去“重温”苦事，而把难过的事“放下”了。由此淡化了挫折，减少了消极情绪。

我生病五年中，从未向家人细说过我的遭遇。直到70岁在我自传体的书出版发行后，从其第一章“我是一个身上带球的人”，亲人和朋友才知道了我几经险情、大命不死的原委。

二、坚强来自“不气馁，有召唤”

对“文革”中我遭的那些罪，也未向家人说过。记得1966年9月，我被从“牛棚”放回了家。母亲先是看到了我被剪得没有多少的头发，换衣服时没留神又被她看见了我后背上两排被图钉轧过留下的伤疤。心疼女儿的母亲，实在忍不住了，抱住我痛哭失声。当时，我更坚定了自己的想法：我受的罪决不让亲人知道。直到2002年我父亲去世（母亲去世更早）我才有心思写了一份几万字的“文革”遭遇材料。因为“文革”中许多事都与我父亲有关，他在世时，我不想回忆那些，更不想让他知道受到刺激。

我性格中的“不气馁有召唤”，也是我“重病”得救、“文革”中挺过来，改革开放之后事业上能够有所发展的重要因素。

生病住院头两年，我极为认真地学习了毛主席和列宁的一些经典著作。因为我一心想着病好出院再教政治课时自己业务上的“底子”能够厚实点。那时，几乎上午都要做各种治疗，大多需平躺在床上。我就把太厚的书撕下书页，以便一只手能举着看。下午则以床为桌，坐在小马扎上写读书笔记、做摘录。病人中午要卧床两小时，测了体温才能活动。而下午5点多钟就会送来晚餐，这中间能干事的时间很短。晚上病房的灯光暗淡，根本不适合看书。所以，一天下来，必须抓紧安排才能学习点，我给自己画了进度表，每天做记录。凡学习时间长的那天，就用红笔记个五角星以资鼓励。医生护士都说：“那个小胡，像个学生，总做功课。”

说来，那段“做功课”对我大有帮助。人的心思被看书学习占了，就没有多少精力感受病痛难受的事了。同时，更重要的是我的精神因此有了提升，心态变得更积极开朗。到现在我还记得，学习毛主席《论持久战》以后，受到极大启发。和一位在市政府做宣传工作的病友说“对我的病也要打持久战。像毛主席说的，战略上藐视，战术上重视”。病友听后郑重地对我说：“小胡，可不敢这么随便联系，注意毛著的严肃性。”这是20世纪50年代初的事，那时，还没有大张旗鼓号召学毛主席著作，更无“活学活用”一说。似乎一联系个人小事就把政治理论给庸俗化了。这事要是搁在后来几年，我无疑会被评为学毛选积极分子。一本列宁的《辩证唯物主义与历史唯物主义》我硬是精读了好几遍。连同毛主席的《矛盾论》等著作，给我年轻的头脑里灌注了富有活力的辩证观点，让我的生命充满生机。

随着病情时有恶化，我意识到，这场“持久战”不仅会很长，而且以后恐怕不一定能够再上讲台、去广泛接触学生当老师了。所以，要重新考虑自己以后“为革命工作”的内容。根据自己对哲学、政治理论著作感兴趣，在高中又学过3年俄文，我设想，以后就专门从事既不用出门也不多接触人群的俄中文字翻译工作。重点放在翻译苏联出版的马列主义和政治理论文章著作。那时，正是与“苏联老大哥”最要好的时期，有关的工具书和俄文著作、报刊、文章等，国内有广泛传播介绍。我当即准备了两本大型俄中词典，从马列主义著作编译局买了中俄文对照的马列经典名著。于是，那张当小桌用的床铺上摆满了俄文书刊。一时节，满脑子的俄文单词、语法“变格”。在紧紧张张忙于“新功课”中，居然有一篇译文被发表。这是我从俄文《青年一代》刊物上选的一篇小品文。翻译后寄给了《北京日报》文艺版。此文的刊登，让我兴奋、对未来的发展更多了信心。

正是这样抢着时间专注学习，让我没有工夫为自己缠人的病痛愁苦心急。医生说，“小孩生病好得快。因为他们‘心无旁骛’心里没事”。我能不被痨病压垮，跟我的“心无旁骛”有关。但我和小孩又有不同，我不是什么都不想，我的心里有目标，想的是怎样坚持自学，为以后的工作做好准备。而“自学”是一种向上心，是生命中的自强和生活中的自觉。正是勇于自学、乐于自学、坚持自学让我在人生的几个重要阶段受益多多。

“文革”中我曾偷偷学习了法语。这次的背景和病中学习不同。大约是在1970年，即“文革”进行到四年多的时候，我已经不是被斗的对象，而让我教课回到学生班里了。但只能教语文（教政治课不够格）做副班主任。而“复课闹革命”中的学生根本无心学习。我知道自己也做不了什么贡献，不仅眼下，以后也前途渺茫，看不出任何让我发挥作用的前景。但我不甘寂寞，想在如今比以前被批挨斗时有了点宽松的环境下，一定要学点什么来充实光阴。因为家里存有我丈夫老吴留苏时用过的法中词典和几本法文读物，就想自学法语吧，将来能直接用法文阅读巴尔扎克的作品，以此为自己的余生营造一种独有的精神享受。原本以为老吴会帮我入门，不想，老吴已经把字母发音都忘得差不多了。可没人帮忙，又自学不了。于是暗暗想办法托人找老师。非常幸运，我找到了一位难得的高人徐秩文老师。他是国际关系学院的资深教授。早年勤工俭学留学法国，是周恩来总理那拨人中年幼者。因为没有政治背景，回国后一直教授法语。当时，没什么人学法文，所以，老人接待我这个年奔四十纯粹为兴趣远道而来的“老学生”，十分热情。

那时，我每周去一次。要从城里西单附近的家出发，几经换车到达颐和园。然后步行半小时到老师家里。我的学习积极性特别高，从来不怕顶风冒雨、不顾地冻天寒，一定准时上门报到。

法语十分严谨，特别是动词的使用尤其规范。所以联合国有关重要文件均附有法文本，以备匡正。法语的发音伴有小舌颤动，听起来格外悦耳。反正我一下子喜欢上了这个有点难学，但让我入迷的语言。那时，自由活动的时间挺少，人们整天都要待在单位里学习、“闹革命”。但可干的占人脑子的正经事实际并不多。我抓紧了可利用的时间，常常在学校偷偷背单词或记短句。到家里写写画画、出声朗读、练习口语。我知道“师傅领进门，修行在个人”，对这门语言，我必须自己多下功夫，才能学进去。

徐老师对我这个勤奋的学生挺满意，把我当成了他的“小朋友”。记得每次教我一段课程之后，都要用他那说不利落的中文给我讲述法国的文化特点、法国人的生活习惯，等等。看得出来，他为能用上自己的所爱所长而得到些许安慰。经过不到一年的学习，我居然可以凭借字典大体看下巴尔扎克的原文小说，也能跟老师做简短的会话了。但由于境遇的变化，我的法语学习至此宣告了终止。因为我被进一步“解放”而委以“新任”了。即让我做新建的高中年级组组长并教政治课。当年，北京市决定在全市少数几所中学恢复高中招生。我所在的161中（原女一中）从附近四所中学招来学生办了两个“文革”以后的首届高中班。我接受了任务，自然全力以赴去做这份新的工作。从此无暇学习法语，割舍了这份爱好。到现在四十多年过去了，我学的那点法语，基本上都还给了老师，只剩下会说你好、再见以及尚能从众多文字中辨认出哪种是法文了。但学法文的那段时光确实帮我驱散了眼前的黑暗与心中的阴郁，使我在异样文化的光芒中看到光亮，感受到活着的美好。

三、“好命运”是争取来的

“文革”过后，在改革开放给人们带来福分的日子里，我用一系列的奋力“自学”迎接了这份好命。61岁退休后，我靠“自学”进入了艾滋病预防领域获得了美国福特基金会的资助，成了艾滋病预防教育项目的领衔主持人，从而为造福人群做了一点贡献，给自己晚年的好命添加了一抹光彩。

根据我的体会，所谓“好命”，就像是你手里有了一根撑竿跳时要用的长竿。有没有想用的意愿，又能不能用它支撑起你的身体跨过一定高度的横竿，则看你的主观意识和自身“运”的能耐了。

因此，应当说，“好命运”绝不是碰上的。它是上天给你的好“命”与你自己的好“运”，合在一块而来的。

我告诉自己，活到现在，还算不缺好“命”。你理应在自己为时已经不多的余年，懂得把握自己，好好“运”作，让你的好“命运”尽多呈现。

祸兮福所倚

回想当年我在遭受磨难、身处逆境之时，心里曾经把当时的境遇认定是一个不折不扣的灾难，是百分之百的坏事。而到老来回顾自己一生的经历，却发现，我人生中几个方面的幸运之事，恰恰是由让我怨恨的大坏事带来的。我生命中的这种幸运与不幸彼此相随的故事，让我明白了，人生中所经历的一切都是发展的、变化的，切不可把事情看绝了。

当我把自己以往遭遇的两次大磨难当成“厚礼”细细回味之际，不由生出一股对它们的好感，甚至感激之情。

一、因生病住院而得福

我得肺病住院的事要从上高中的时候说起。1949 年北京解放那年，我 15 岁，初中毕业，考进了北京女一中。那时，学校里讲究高中学生课余要做“社会工作”服务同学。念高一时，我是学校团总支的宣传委员。高二伊始被选为学生会主席，一直当到高三毕业。新派来的女一中校长杨滨是位知识分子出身的延安老干部。她一心要把女一中这所有光荣革命传统的老校发扬光大，办出特色。她对我们这些学生“小干部”着意培养，要求一定要品学兼优，不能光顾社会工作，还必须是一名学习成绩在班里领先的学生。她还让我们在参与学校有关工作中练口才、见世面。例如，我曾多次主持过在学校操场举行的全校师生大会，参与学校党政工团人员一起接待来我校参观的外国教育考察团。

1952 年，我 18 岁高中毕业，同年入了党并留校做了教师。解放初期，党组织为了给北京市中学的师资队伍输入新鲜血液，市教育局特在 1952 年和 1953 年两次正式从北京市城区的少数几所老校和名校选拔了一批应届高三毕业生，专挑思想觉悟高、学习好的“高才生”去中学教书。当时这些人都有条件上大学深造。读书期间大多是学生会、团委等处的学生干部。这批人留下后被分配到了全市各区县的中学。

1952 年女一中从三个班 100 多名毕业生中选出了 8 个人，本校只留下我和另一名同学两人。“上任”伊始，学校就让我教高中一年级三个班的政治课，并兼高二和高三两个年级每周一次的时事政策大课。开学后不久，又任命我接替刚调离的老师做政治课教研组的组长。

高中毕业教高中，自知底子太薄，只有奋力而为。记得那时住在学校教师宿舍，几乎天天熬夜备课。在情绪高昂之中全没在意身体已经出了问题。下午经常发烧，两颊通红，有时晚上咳嗽得睡不好觉。但我年轻气盛，认为这是自己缺乏身体锻炼。于是积极参加教工排球队，时常上场比赛。还给自己订了一份牛奶说是加强营养。到6月份时，心想去趟医院要点治咳嗽的药。有意思的是大夫检查完以后问我，你是怎么来的。我说骑自行车来的，他正颜厉色地说，你怎能这么晚才来看病，你两边的肺部有问题，需要立即住院。自行车不能骑了！

要说我这人也真是个无知无畏的“傻大胆”，听了大夫的话，一点没害怕，骑着自行车就回了学校。把病假条一收，接着上课，没事人一样。家里人、学校领导和同事谁也没告诉。直到本学期全部教学任务结束，一放暑假，我就顶不住了。

学校很快把我送进了“北郊疗养院”。它是当时北京唯一一所收治结核病患者的医院。位于郊区，方圆几里地无人居住。我人生的第一次磨难由此开了头。

要说这场为期 5 年的病患，还真成全了我的幸运之事。

（一） 躲过了被划为“右派”的厄运

1958 年我出院回校上班时，学校里的“反右”运动已经告一段落。现在想来，如果我一直在学校工作，这次政治运动中，我会被划为右派分子无疑。这不是因为我有反党反社会主义的言行，而是因为与我关系密切的两个人。一个是我的父亲。他是曾任国民党三青团高官的“历史反革命”分子。1950 年我父亲从上海回到北京，向政府坦白交代了自己的历史问题，得到了宽大处理。又因种种政治背景，他没被镇压也没有坐牢，只被“管制”了几年，还允许他教书当了中学老师。1958 年他所在的学校已处于“反右”运动后期，教师中被揪出来的右派分子已经多次被批斗，宣布即将把他们送到远郊农场劳动改造。此时，学校临时宣布我父亲被追划为“右派”，并随有关人员去农场劳改。这件事的实情是，学校突然接到了市里有关上级的“点名”通知，他们是奉命而行。

“反右”运动中，如若揭发我与自己“历史反革命”的父亲划不清界限，是完全有根据的。在我的心目中，父亲是位可敬佩的爱国志士。他因抗日被抓进北京日本宪兵队的监狱，经受了酷刑折磨，坚贞不屈，坐了五年牢房，直到日本投降才获自由。在平日里或在党员的组织生活会上，我从来没有说过一句有关我父亲的坏话。如若不住进医院，我在这方面还会有更多的暴露。还有，1953 年是我托人把他介绍到那所中学当了教师的。运动中，根据这些“划不清界限”的种种表现，十有八九会把我划为右派。几年以后的“文革”印证了这点。1966 年 6 月，“文革”伊始，我就被揪了出来。我这个 18 岁入党无任何政治历史问题又非当权派的人，被戴上的帽子是打红旗反红旗的“反革命两面派”。而揭发我“罪行”的满墙大字报，其内容全部都是我如何与反动老子划不清界限。

再一个人是女一中校长杨滨。20 世纪 50 年代她在北京市教育界已颇有名气。因她对某些“外行”领导表现得不很服帖，所以，运动中她难免挨“整”。1958 年“整风反右”时虽躲过了一劫，但 1959 年党内“反右倾”时，到底还是被“揪”了出来。一段时间她被下放到工厂劳动改造。如果我不是长期生病住院，“反右”那次，在有人找杨校长的“碴”时，定会把我揪将出来。因为我是杨校长“右”的最有力不过的证据。

首先，她把一个父亲是“历史反革命”的学生，一到 18 岁就拉进党内，接着又留校重用。而被她当成“得意弟子”的这个人，却一直和自己“历史反革命”的父亲划不清界限。所以，杨校长和我互相印证，同时被划为“右派”该是多么的“顺理成章”！

总之，1958 年“反右”运动时，纯粹是因为我在长达 5 年的时间里不在学校，从而躲开了人们的视野，才得以逃脱被划为“右派分子”的厄运！

说到这里，不能不就当年的有关实情做点说明。我父亲是在抗日战争胜利后才从监狱里出来的。因抗日有功，做了“三青团”的“大官”（三青团北平天津两市联合支团部第一书记）。可不到两年，这位既没有后台又不会当官的知识分子就被重庆来接收的国民党嫡系派挤下了台。

他在政界根本混不下去，在解放前的两三年里只能跟着他的一位老同学在东北、安徽、上海等地做事。上海解放前夕，国民党大员们纷纷逃往台湾。我父亲这位老同学，硬是给他弄来了全家逃往台湾的机票。当时，我父母彻夜未眠，最后决定不飞台湾，而是回北京来。因为他们不能抛下爹妈和大女儿。

回北京后，他向人民政府把自己全部历史如实彻底地做了交代。当时公安机关不仅没把他抓进监狱，还允许他到中学当了人民教师，在他身上不折不扣地兑现了“坦白从宽”。我记得非常清楚，1950 年全国范围“镇压反革命”高潮之际，他曾用红笔在报上公布的被枪毙的人名单上标出了一批他认识的人，其中有好几个曾是他的下级。所以，我父亲真心地“服”共产党言而有信，说人家有高人懂得国共历史问题的真相。

到 1955 年前后，才对他的问题给了说法，定为“历史反革命分子”，而且告诉他，用不着和谁说明。所以，1952 年我入党时，我的父亲还不是“历史反革命”。

还要说一下的是，我父亲对给他戴“右派”帽子、劳改、“文革”中抄家等等，没有只字怨言，从来不觉得共产党亏待了他。多年来在我们家，子女孙辈谁也不许当他的面说一句共产党不好，直到 2002 年 91 岁高龄去世。

（二）婚姻上的幸运

我 28 岁结婚。比起同期留校的同学是属于出嫁晚的。

当年，我们这批留校生大多工作后很快就解决了婚姻问题。而且，十分自然，很多人的配偶选择了与自己有相同背景，互相多有联系的留校生。

我因生病错过了择偶的如此机会。而我这场离开了原有“圈子”又迟到的婚姻，却让我拥有了一生的幸福美满。

我想过，如若我没有生病住院，工作后与留校生或某个对象结了缘，是不是也会同样获得幸福美满呢？但联系到当时的政治背景，应当说，这种几率不高。

首先，1958 年的“反右运动”就是一劫。如前所述，我被戴上右派帽子下放劳动是逃不掉的。此时如果我尚未结婚，一个女右派的择偶前途，就算有了着落，恐怕也难以遂心如意。而如果已经组成家庭，我的配偶将直接受到冲击。且不说他本人的遭遇如何，作为家属他躲不开的考验是必须与自己的“右派”妻子划清界限，其结果，俩人离了也好，忍辱负重地撑着过下去也好，能有多少幸福美满可言。

接着是从 1966 年开始的“文革”。在这场十年浩劫中，我经受了种种身心的磨难。最终身体未留伤残，心理始终正常，带着身上的塑料球好端端地活了过来。我深知，我的这个幸运的光环里，有上天对我的眷顾，有同事、学生的手下留情，而居于首位帮我渡过难关的人，则是我的丈夫，这位如果不是我生病 5 年，不可能与之结缘的老吴。正是他身上种种特有的心性成全了我的幸运。

先说他性情敦厚安于平和的与世无争。其实，要是没有这一条，他当初根本就不会娶我。

1961年，他刚从苏联留学回国。他的一位昔日清华大学的同窗好友是我表妹热恋中的男朋友。经这两位的热心撮合，我们相识见了面。这位对象的档案资料是：留苏副博士、中共党员、江苏无锡人，而立之年比我大3岁。他本人是1米78的个头，举止大方有礼。难怪亲朋好友都为我庆幸不已。

不过，回想自己当时，除了真心喜欢、满意之外，对这位几乎各方面都高于我的洋博士，从一开始脑子里好像就没有过一丝的自卑。虽然我自知长得不漂亮，在女伴堆里显然属于平平者。又一连得过好几年的肺病，在择偶上，按说真没多大的“资本”。可生性乐观、自信，打小“个人英雄”，长大形成“留校生”优越心理的我，居然对自己的不利条件浑然不觉，而且从未担心过我在这方面会有可能不遂心愿。加之，住院期间，不乏像样的男士病友表示爱慕追求，也助长了我这方面的“不自觉”。所以，与这位高水平的“对象”结缘，在我，似乎顺理成章、般配自然。

再有，我从事情一开始就持有非常坦诚的心态。这也是使我感到这场婚姻非我强求，心里觉得格外踏实、自在的原因。记得我们第一次见面，当一种“真可心”的感觉油然而生，我心里暗想“就是他了”的时候，我毫不迟疑地在分手之前如实地向他讲了我和我的家庭两个“严重问题”。我知道，这是介绍人不大可能详细述及的。如果我对这位“老熊”（外号）有意，我必须尽早让他知道，我这个姑娘可是身上有两个看不见的“爆炸性”隐患的。那天下午分手之际，看得出来，“一见钟情”已经分明写在两个人的脸上。但我非常冷静地约他再坐一会儿。我顾不得他的反应，一口气说道：“第一，我得过极重的肺结核，住了几年医院，现在仍是医生的‘监控’对象。第二，我父亲历史很复杂。虽是文人但参与了政治。我这名 18 岁入党的共产党员有个‘历史反革命’兼‘右派’的父亲，”“你身在保密单位，又是现役军人，我这种家庭和社会关系恐怕组织上不一定通得过。”坦述之后，我如释重负。我早想好，即使因此告吹，我也心安。

不想，这位身体健壮、家庭社会关系简单不过的单身汉，硬是没事人一样，一门心思跟我这个有“隐患”的姑娘交往不辍。我心里嘀咕，每周末他从远郊区花费 3 个小时兴冲冲赶来会面时，我总想从中知道点这方面的反应。但几个月过去，却毫无动静。一次，他终于透露了点信息。

原来他早就征求了自己最要好朋友的意见。此人是他清华大学 4 年的同班同学，毕业后又一起被派往莫斯科动力学院读研究生。在苏联留学 4 年中一直是他的党支部书记。朋友劝他，“从你事业的前途着想，她的家庭问题就算组织通过了，也肯定对你今后的发展十分不利。这姑娘再好，我看也应趁现在感情尚且不深之时，彻底分手为好。……”听到他如此坦露好友的肺腑之言，我很感动，也完全明白了他的心意：决心已定，不怕牵连！可是，我马上想到我的身体问题，会不会这位仿佛全然不存“生病”概念的壮汉，对这点太估计不足了？不行，我得再多讲讲，不能马虎人家。于是一次聊天时，我原原本本地讲起当年如何从痨病中死里逃生，如今身上有球……不料，还没等我把病号的故事说完，这位就两眼泪花听不下去了。原意想吓唬一下，让他更明白点，结果反倒更“迷糊”而增加了一层怜爱。既然如此，就剩下盼望他们单位党委能成全好事了。不久，单位领导告诉他，组织上已经批准了这桩婚事。

但结婚以后的最初几年，他还是受到了牵连。从1962年结婚到1966年“文革”前，岳父大人的历史问题确实直接影响了他的提拔，后来知道，1961年回国后，领导上已有重用他的打算，就此而被搁置起来。只不过这位与世无争的人，一点没在意而已。不想，他的“与世无争”却歪打正着、变祸为福了。“文革”中，正因为他没有当成什么要紧头目，又一向与人无争、不招人恨，运动中各阶段都没自己“往出跳”。所以，除运动伊始，被贴了几张大字报外，之后就再没有受到更大的冲击了。而当时，与他前后留苏的同学中，不少人遭遇了大磨难。他认识的一个人，运动中就被打断了腿。因为留苏的经历，他们回国后在交往中难免与苏联人有各种联系。想“整”他们，首先是怀疑你有“里通外国”的问题。

还要说的是，我碰上的这位老吴，脾气特别好、为人厚道，还爱干活。从组成家庭的第一天起，他就悄然在以往“女士优先”的洋习惯中，加上了一条“包揽劳动”。家中大小体力活儿一概视为己任，就连一个没分量的小手包，也要接过去由他拿着。可想而知，我的带球之身受到了怎样的关爱。同时，这位长在鱼米之乡的无锡人，不仅会做美味烧鱼，还以江南水乡人的温和及他特有的宽厚让你心理上永远平和自在。“文革”10年间，当我在外边饱受委屈与冷落时，一回到家里就在温暖中一切释然。改革开放以后，我几次调动工作，不停地求新求变搞项目。他对我的这种不安分的“折腾”，一如既往任我随性而行。对我的“成功”，心理上没有半点的不平衡，每每念及这些，我一次次庆幸自己的好运并以感激之心想着我的老伴。

说到因病而获得美满姻缘，这中间还有一段颇有意思的“二进宫”小插曲。

1959年，我“带球”出院半年多时，一位热心肠的病友就“搭桥”让我与一位男士交往。此人并不完全陌生，他曾短期住过北郊疗养院，互相也都见过面。俩人相处，都觉得挺对心思。他比我大5岁，学过俄文。很快就寄来了他翻译的俄罗斯爱情诗歌。一切顺利进行，谈婚论嫁即将提到日程。不想，我突然感到身体有点不对劲，试了体温计，发现下午都在发烧。这是有肺病的人最忌讳的事。于是，赶紧去了结核病医院。给我做手术的付大夫二话没说当即开了单子，让我立马住院。我猜想，他可能担心我胸腔里的球们闹事了。

就这样，我“二进宫”了。“二进宫”是病友们谁都知道谁都讨厌的词儿。它指的是，人出了院，病又复发，不得不二次住院。我向家人谎称，医院大夫要对我们这批做过填球手术的病人进行追踪检查，需要短期住院，同时，也给那位男朋友打了电话，告诉他我住院了。结果，在医院住了不到3个月，什么大事没有，大夫就让我出院上班了。这期间，男朋友音信皆无、断了联系。后来知道，他们单位的人曾到医院找过医生详细了解了我的病情。看来，他是被吓住了。说实在的，我当时一点遗憾没有，一是感情尚且不深，二是想到两个病号在一起未必是好事。再后来，想起这事，还真有点后怕。因为此人是北京市某区政府很有前途的公务员。如果与我结缘，将直接影响他的提拔。而“文革”中，他会因受我家的牵连而倒霉受罪。

这么说来，我真是应当谢谢这个让人觉得有点可爱的痨病了。你看它，之后再也没有让我为它住过一天医院。而那时，却不早不晚适时地“表现”了一下，闹了个“二进宫”，直接搅“黄”了这桩已成定局的婚事，让我获得了之后的幸运。

（三）对维护身体健康早有觉悟

从二十几岁开始，我就有自觉维护身体健康的意识。

这一点，一般人，非我这样的经历，是不大可能有的。

5 年，一千八百多天挣扎在死亡线上的日日夜夜，刻骨铭心地让我记住：活着，就要善待自己的身体。

我对“健康投资”有极大的动力。半个多世纪以来，注重营养，坚持锻炼，为身体健康，从来舍得花时间、舍得花钱。除了在像“文革”那样，连“命”都顾不上的时日，只要一有条件，我这个“前科”在案的大病号就会十分自觉地把“维护健康”提到生活日程上来。由此，也形成了我们四口之家特有的氛围与生活习惯。比如，孩子大人都会定时定量地喝水。又如，多吃鱼。一次过春节时，邻居开玩笑说：“4 只猫也吃不了这么多鱼啊！”平时注重锻炼，孩子从小就看到爹妈如何长年累月晚饭后风雨无阻地外出散步。大人的言传身教深入了她们的心田，以至多年生活在美国的两个女儿都有自己良好的生活方式，对维护身体健康从未有过疏忽。

如今，我这个奔 80 岁的人和同龄人相比，身体状况和精气神，按人们夸奖我的话说“均属佼佼者”。我心里明白，如此结果是因为我早有觉悟，又经坚持不懈地锻炼争取而来的。这中间包含着“祸福相依”的“理儿”，你信不信吧！

（四）积累了“忍”的能量

长年累月“希望的事总是落空，担忧的事总要发生”的住院生涯，着实磨炼了我的承受力。我对“事情会出现不如意”，有足够的心理准备。遇事绝不是一心只想着成功如意。也不会因为“心想事不成”而情绪败坏、心里委屈。与此相连，我对“好事”也从不去多加指望，总会小心翼翼地想着“这红烧肉没吃到嘴里先别忙着高兴，因为它可能不是你的”。所以，我记住了苏格兰民谣里说的“不在收割前赞美庄稼”。我欣赏篮球明星乔丹的“不到最后几秒绝不说输赢定局”。

正是我年轻时屡经失望而练就的这种“对事物不存奢望”的思维习惯和“忍”功，给我垫了个底，让我日后遇事，包括像“文革”遭罪的事，能够去面对、去承受，想得开、放得下，使生命历程中多有开阔与通达。

通观我年轻时闯过来的这场“大病灾难”，它不仅给我带来了福分，还让我的生命因应对如此挑战而激发出了潜能，从而大大提高了我日后活着的质量。如此说来，这场生病磨难算得上是命运给我的一份厚礼了。

二、“文革”遭罪给我的生命增加了韧性

我人生中第二次大的磨难，是经历“文革”。

“文革”遭罪中，让我感悟哲理、参透人生的一些事和场景是我永生不会忘记的。

（一）呵护“鬼牌”的启示

1966年6月，运动开始没几天，我脖子上就被挂上了一块“牛鬼蛇神胡××”的大牌。

说来，我对这块给我带来无比难堪的“鬼牌”真没少精心照料。

此牌是用厚马粪纸板做的，分量不很重。只是个头大了点，弯腰干活时总会碍事。我就在清晨打扫校园时，趁来往人少、没人注意，把牌子摘下藏好，等把地仔细扫过之后，再取来戴上。

住“牛棚”期间，夜里躺下之前，总不忘小心翼翼地把它放在自己身边的固定地方，以便听到“混蛋们，起来”的吼声起身跳下“床”后能迅速“装饰”在脖子上。

后来让回家去住以后，我对自己这个大“身份证”更是格外在意。离校前一定把它放在一个不着风雨、没人知道的地方。第二天进校后，赶紧先把它拿出来佩戴停当再去报到。要说自己后来往脖子上挂项链都没这么上心过。

下乡前，“上头”没说戴牌子的事。可我放心不下，怕是万一要用惹来麻烦。于是，自觉地像带其他要紧东西一样，把它牢牢打进了行李。

这块陪了我好几个月的大牌，下乡后一直没再用上。回城前被我悄悄扔进了田边的土坑。

当我最后看了一眼牌子上那 4 个张牙舞爪的大字和红笔画叉的自己名字时，突然有了一种领悟：这世间的变化真真是充满了“辩证法”！你看，一个人恰恰由原来的最“香”变成了最“臭”。一个物件，你最恨、最厌恶，可你非最“关心、爱护”它不可。这不正是矛盾体的对立面的统一和转化吗？

后来我想，不管我那时政治上有多愚钝、身心遭受怎样的磨难，融进我头脑里的那些“辩证观点”成了最肥沃的养料，让我不会绝望，让我的生命之树不会凋零。

（二） 不能说自己是最惨的

“文革”中，于1966年和1968年我曾两次被关进“牛棚”。而这第二次的遭遇，实际说来是我自己惹出来的。在当时学校师生纷纷成立“战斗队”之时，我带头成立什么“换新天战斗队”跟当权派较劲，还贴出了揭发白色恐怖“红八月”以及要求给被迫害的教师“平反”之类的大字报。如果那时我不是自己“跳”出来，完全可以混迹于革命群众之中当个逍遥派，不至于被抓出来挨整。

所以，学校在开展接下来的斗争前，于“序幕”中确实需要推出一个像我这样竟敢对“文革”说三道四的家伙来出台开场，以便为后边的“大动作”有个铺垫。而政治上极端幼稚，全然不识时务的我，对此毫无觉察。在1968年4月12日我像往常没事人一样走进学校的西院大门，一下被眼前突如其来的景象惊呆了。但见，这些天来一直空前的南北两面大墙上，一张挨一张地贴满了揭发我的大字报。我的名字都用醒目的粗体字标出，还有的打上大红叉、画上质问号或干脆倒过来写。再往里走，传达室对面影壁墙上也是一样。

直觉告诉我，此举来者不善。这阵势分明是准备好了要拿我开刀了。怎么办？嗡嗡作响的脑袋里只有一个念头：赶快离开学校！

我决定赶快逃离北京去无锡婆婆家躲避。我当即赶到郊区宿舍找到老吴。他请了事假，回城里接上了5岁的大女儿，一家3口于当天深夜坐上了开往无锡的火车，逃之夭夭了。

我一下在那里躲了40多天。后来明白，因为我不是这场斗争的“主角”，揭发我的大字报一经贴出，就已达到了目的。至于你人跑了，实已无关大局。这就是为什么我居然能在无锡老家躲藏的原因。显然，那时候人家如果真想抓你，任你逃到天涯海角，也完全可以手到擒来。

等我跑了几十天回来时，斗争高潮已过。学校当局对我这个行动不轨、想跑就跑、想回来就回来的人，实在气恼至极。不做严肃处理当然不行。可又是一个不上不下什么也算不上的烦人角色，最后就来了个折中惩罚：让我和前一段揪出来的“分子”们一样接受学生的批判，白天和他们分别关押在单人“牢房”，晚上允许回家。准确地说，我这回跟上回“住”牛棚不同，前后8个多月里主要是“坐”而不是“住”了“监房”。

在我坐“监房”的二百多天里，有半年时间赶上了整整一个秋天和冬天。数九寒天我们这些“犯人”从早到晚缩在一间没有火炉、四面透风的小屋。吃的是凉窝头、凉咸菜，喝的是凉水。一天里一口热东西不见，又不许站起来活动，只觉膝盖发直、全身彻骨僵冷。唯有用嘴里冒出的一点热气来呵护一下两只冰棍似的手。

而我比身边“监房”的那几位幸运多了，我说冷得难受，可我是带着每天从家里暖和过来的身与心来“熬”冷的。而他们却是白天坐在冷屋、晚上睡在只有薄薄草垫子的地上来“熬”这永远缓不过来的冷。我说手脚冻得僵直，可我在白天的十来个小时里，到底可以两次走出“监房”大门，去东院的食堂买我们几个人的午饭和晚饭。而他们却是死坐到底的僵直。

正是这段阴凉的时日，一个念头深深植根于我的心中。这就是：永远不要认为自己最惨，世界上比你惨的人多的是。什么时候都不能说自己的处境是天底下最糟糕的。有了这种认识就不会把事情看绝了，你就能给自己找到活路。

（三）“挨整”冶炼了我的为人操守

在“文革”那段特殊的年月里，人们为人处世的操守时时受着考验。

在我的经历中，如何看待我的父亲，以及在我第二次挨整后如何面对我的“战友”，对我都是重大考验。在整个“文革”中，不能和“反动”父亲划清界限、同情“反党反社会主义”的“右派”老子，一直是我头等大的罪名。我的所有“认罪”表现和最大压力也都是要狠批“历史反革命”兼“右派”的父亲。

摆在我面前的选择只有两个：要么狠批老子臭骂自己；要么豁出去，怎么想怎么说。我选择了后者，始终没有说过或写过一句违心批判有历史问题的父亲。

我的想法并不复杂，就是一条，我的良知让我说不出违背事实的话。如果为了个人的一时解脱（也未必能得到）而胡乱说些求饶的话，我觉得既对不起父亲也对不起自己。

而我的选择并非全然出于父女亲情。要说从小到大，我和父亲在一起生活的时间很少很少，以至我的小学和初中同学都只知我有娘而不知我有爹。在我的记忆里，长年在外、热衷政治的父亲对我好像很少有过呵护和关爱。所以，我的选择、我对他为人的肯定甚至钦佩是基于以往的历史事实。

我 6 岁那年，亲眼看到日本宪兵队怎样到我家来抓人。他们把我父亲投入了监狱，施以坐老虎凳、灌辣椒水等酷刑。他咬牙挺过、从未屈服。在北平草岚子监狱一关就是 5 年，直到 1945 年抗日战争胜利才获自由。

再一件大事是，当我那次逃跑回校后，看到以往“战斗队”里亲密无间的“同志”，已经顺势把我放在了对立面、胡乱扣些帽子，做些连自己也未必清楚的“批判”。还明确表态，要反戈一击，彻底与胡某划清界限。

这种情况让我很是失望和气愤。但想到这次“咎由自取”的挨整，实在赖不上别人多少。同时，两个“确实”让我闭上了嘴。第一我“确实”记不得我是否在战斗队里讲过他们揭发我说过的一些话；第二，我“确实”认为她们都是同志而一点不“反动”。所以，在批判我的大会小会上，我从来没有推脱说“没讲过某句话”，也没有揭发过战斗队里别人一句“反动的”“错误的”言论。

在整个“文革”期间，我没有违心揭发过别人，没有违心做过任何自我贬低的检查。可以问心无愧地说，我没有做过伤害别人的事，没有留下人格上的遗憾。

我经受住了考验。

（四） 没有永远的黑暗

在我坐监房期间，突发的一件事，又给我上了一堂铭刻于心的哲学课。

1968 年 12 月末的一天深夜，我在云冈宿舍突然被猛敲房门的声音惊醒。我和老吴忙披衣开门。十来个人一下冲进我家。有人直奔大衣柜拉开柜门查看。有人撩起床单俯身用手电筒照射床下。显然是在搜查什么人。这时一个我不认识的带队人命令我说，“你马上跟我们走”。这突如其来的搜捕，让我觉得准是出了与我有关的人命官司，我可能要被抓进监狱。匆忙中只来得及小声托付老吴：“我这一去凶多吉少，两个孩子就交你了。我妈那边也望你多加照应。”接着就被他们押出了宿舍。

只见楼前小广场上停着一辆大卡车，上边已经坐了有半车人。我们爬上去之后，卡车立即驶往回城方向。途经长辛店火车站时，车子一下停住。这伙人迫不及待跳下卡车跑进了车站。约摸过了半个来钟头，他们又呼啦啦爬上了卡车。能觉得出来，他们刚才的“出击”一无所获。

卡车开回学校，我被径直领到了西院办公室，一进门，屋里的气氛告诉我，在这件我尚不知道真相的事件中我肯定不是他们“追拿归案”的对象。

果然，“专案组”的人说：“向你了解点情况，要如实讲。”“你昨天晚上几点几分离开学校的？你走时路过×××的门，当时看见她在不在屋里？她的门那时是锁着还是开着？”听到这里，我一切都明白了。事情发生在昨晚我离开学校之后，地点是×××的单人“监房”，人物情节：×××跑了。

看得出来，事态的发展已使我的回答变得无关紧要。所以，审问者草草询问了几个问题就让我自行回“监房”了。

这次深夜被抓、有惊无险的遭遇至今恍如昨日、历历在目。

很快知道了事情的真相。原来是住在我隔壁“监房”的×××，那天晚饭后，不知怎么弄开了房门的锁，跑了出去，投河自杀了。

而让人无比惋惜的是，如果她再坚持挺过一个月，关押我们的“监房”就被撤销，×××随即就会获得自由，改善境遇。这件事，在我的思想深处留下了深深印迹，令我坚信：“人生的运行规律，没有永远的黑暗！”而“文革”中这些触动我身心的人和事给我的生命增加了韧性，成为支撑我度过那些难以认知的荒谬岁月以及后半生不懈奋进的精神滋养。

我人生经历的这两次大的磨难，在记忆里已经化为历史。但当我年过古稀回首往事，想起这些仍不免心有余悸。甚至到了太平盛世的今天，有时受到某种刺激，还不由会在“出不了院”“挨批斗”的噩梦中惊醒。所以，我体会，不能简单地理解“磨难、倒霉是好事，是厚礼”。我遭受的磨难与痛苦是地地道道的“坏事”，是“祸”，而绝非“好事”“幸事”。但世事的运行确实是“祸兮福所倚”，而成为“不幸中的有幸”“改变人的命运”。

不过，这“福”，这“幸”的实现，是你要能接受这份挑战，在“祸”中挺得过去，它才是一份厚礼，才会在你的人生中留下浓墨重彩的一笔。

第九章 快乐是人生要学的一门主修课

老来，才更明白，快乐地活着太重要了。应当努力做一个笑口常开的快乐老人才是。

一、快乐是什么

按心理学家的说法，快乐是一种主观上安乐的状态。当我们快乐的时候，我们喜爱自己，热爱生活，能够从活动中得到乐趣。所以，快乐是一种积极情绪，是一种幸福和满意的心境。而快乐应表现为在大部分时间里有一种悠然的满足感。因此，重要的在于你感到快乐的频繁程度，而不是强烈程度。

二、我们为什么要寻求快乐

俗话说，“笑一笑，十年少。笑十笑，百病消。”生活中要是停止了笑声，就等于停止了生命。

从生理上说，当脸上绽出笑容的时候，我们的胃，我们的肝，我们的骨骼都会感觉到我们的快乐。就像我们在愤怒的时候，全身肌肉都会紧张颤抖。所以，我们要学会微笑，它是体内所有脏器柔曼的舞蹈。

据研究，一个人朝另一个人由衷地微笑，要颤动调动几十块面部肌肉。不用去美容院了，你就自己随时随地用微笑做面部按摩吧！

从心理上说，快乐是对自己的热爱，也是对他人的一种宽容。一个与自己过不去的人，是很难放过别人的。更重要的是，快乐会造就一种心态，这种心态会产生一种力量，一种改变命运，获得幸福的力量。心态可以说是我们体内几百万条神经作用的结果，而快乐就是使这“几百万条神经”兴奋起来的火种，一种不息的火种。

要知道，人的情绪的质量就是生活的质量。拥有好情绪的人，就拥有高质量的生活。一个快乐的人不一定是最富有、最有权势的，但却一定是最聪明的。他的聪明就在于懂得人生的真谛，那就是，花开不是为了花落，而是为了灿烂。

三、快乐并不单独存在

人间没有单纯的快乐，快乐常是夹带着烦恼与忧虑。没有忧伤，我们将体会不到欢乐。即使我们享受到了欢乐，但一味的欢乐也会使人烦腻。

蒙田说：“痛苦不是永远应当避免的，排除痛苦也就是排除快乐。”这就是说，我们必须接受世界是不完美的，承认自己和其他人也不是十全十美的。所有正面的阳光和负面的阴影组成我们的世界。好与坏的冲突混合纠缠在一起。你不能把善、美、成功和笑声从与其相反的恶、丑、失败和哭泣中分离出来。如果有人追求这种分离出来的快乐，那他终究是要失望的。他会落入分离的忧郁。

同时，也不能要求自己一天到晚都得处在快乐中。因为，这种要求如同要求天天过年，天天娶媳妇，天天都得躺在蜜罐里一样。人是活物，是有七情六欲的，怎么可以天天都咧着大嘴笑个不停？快乐只是一种全方位的人生追求，不是每时每刻都必须快乐着。快乐的人，首先就是要承认自己有不快乐的时候，不快乐的时候不要紧，不跟自己较劲，知道那是很正常的，这样才能尽快地快乐起来。

四、快乐是自己找的

既然快乐是一种主观感受，负责给你快乐的只能是你自己。我说我快乐，如同我说我不快乐，不过都是我的一种心理反应。人的快乐与否，不在外物而在人的自我感觉。正如拉伯雷比喻的那样："生活是一面镜子，你对它笑，它就对你笑；你对它哭，它就对你哭。"

快乐不需要财富来支持，不需要官位来提携，也无需以名气为后盾。美国戴尔·卡耐基说："快乐并不取决于你是谁或你拥有什么，仅仅在于你怎么想。如果我们有着快乐的思想，我们就会快乐。"

感觉和意念是一脉相承的。倘若只想不平、不快、不幸的事，死钻牛角尖，最后你会难受、想哭。相反，还是这个人，还在这个地方，还是你拥有的一切，倘若只想快慰之事，知足满意，自我欣赏，会越想越兴奋，心生喜悦而想笑。比如一位已经很成功的作家，要哭也能哭，他会想，这么多年了，还没有写出传世之作，诺贝尔奖也得不上，真是窝囊废，白活了，于是悲从中来。当然，要笑也能笑，他会想，生而为人，著作多多，比起芸芸众生来，也算风光占尽，多有贡献，于是，喜上心头，只想哈哈大笑。

"上帝给了你一张脸，笑必须由你自己完成"，这是我写在案头的一句自励语。

五、知足、自我认同最重要

如果你对自己已经拥有的东西知足，快乐就会像阳光一样照亮你的日子。

知足常乐。人的不快乐，常常是由不满引起的。如果放低欲望，对生活不过高期待，快乐自会“水涨船高”。一个哲学家不小心掉进了水里，被救上岸后的第一句话就是：“呼吸是一件多么幸福的事。”后来，他活了整整一百岁。其实，活着就是一件奢侈的事情，就是巨大的幸福和快乐，活着就应该惜福知足！

纪德说：“生活有千万种，每个人只能经历其中一种，垂涎别人的幸福是不切实际的，因为你即使得到也不知道如何享用。”

再有，自我认同也会带来快乐。喜欢自己的人，容易喜从心来；不喜欢自己的人，悲从心起。

无论成功大小，快乐的人很自然地会自我感觉良好。他会在内心深处接受自己的一切，包括自己的长处、短处、拥有和缺少。

对自己外表长相的自我认同也是一种智慧的选择。在一项调查中，人们吃惊地发现，有90%的学生对自己的外表有所不满或者说缺乏自信，这表明，在现实生活中，相当多的人都有低估自己的倾向，而正是这种低估，往往影响到人们的心态，影响到人们的正常交往，也影响到快乐的生活。

而林肯的“自嘲得乐”让人钦佩。美国最伟大的总统之一林肯，生得其貌不扬，一天他遇到一个老太婆，她对林肯说：“你是我见到过的最丑的一个人。”林肯回答：“请多包涵，我是身不由己。”老太婆笑了笑说：“我倒不以为然，但你应当待在家里不出门啊！”林肯常把这件事讲给人们听，使得听众笑得前仰后合，又使人们觉得他是多么坚强、多么自信、多么乐观啊！

你得学会接受你不能改变的东西，如相貌，然后尽力去改变那些你能改变的，这样你才能快乐起来。

自我认同的重要作用还表现在“视网膜效应”上。心理学中所谓的“视网膜效应”，简单说是指当我们自己拥有一件东西或一项特征时，我们就会比平时更注意到别人是否跟自己一样拥有或具备。比如，你新买了一辆自以为颜色独特又有品位的轿车。可你却突然发现，无论在高速公路上、街道小巷里，甚至自己所住的大楼停车场中，都看到许多与你同型号同颜色的轿车。又如，妇女怀孕后，发现无论在哪里都会看到孕妇。“逛百货公司时，短短两个小时就看到6个孕妇。”一位准妈妈感慨地说。

所以，当一个人只知道自己的缺点，而不知发掘认同自己的优点时，“视网膜效应”就会促使这个人发现他身边也有许多人拥有类似的缺点，弄得他的人际关系无法改善，生活也不快乐。而一个看到自己的优点懂得肯定和欣赏自己长处的人，在“视网膜效应”的运作下，才有能力看到他人的可取之处，才会用积极的态度看待他人，而这是建立良好人际关系的必备条件，也是能够让人获得快乐的重要方面。

六、别把快乐的钥匙交给别人

现实生活中，类似下列这样让别人控制自己心情的事例，并不少见。

一位女士抱怨道："我活得很不快乐，因为先生常出差不在家。"她把快乐的钥匙放在先生手里。

一位妈妈说："我的孩子不听话，让我很生气！"她把钥匙交在孩子手中。

男人说："上司不赏识我，所以我情绪低落。"他把快乐钥匙塞在了老板手里。

婆婆说："我的儿媳妇不孝顺，我真命苦！"她把快乐钥匙又转给了儿媳妇。

这些人都做了相同的选择，就是让别人来控制自己的心情。

当我们容许别人掌握我们的情绪时，常会出现以下情况：

- 觉得自己是受害者
- 抱怨与愤怒成为我们唯一的选择
- 开始怪罪他人，而且传达一个信息："我这样痛苦，都是你造成的，你要为我的痛苦负责！"

这样的人使别人不喜欢接近，甚至望而生畏。

我们身处的地方，不论是环境、人、事、物，都很容易影响我们的情绪。可是千万别忘了，痛苦快乐并不在于外界，决定快乐的钥匙，只在你自己手中。

一个成熟的人，不期待别人使他快乐，反而将自己的快乐与幸福带给周围的人。

七、快乐是种习惯，需要精心养成

快乐不快乐是逐渐累积和体现的。从本质上说，快乐是一种心理习惯。快乐的习惯会使一个人在很大程度上不受外在条件的支配。

而习惯的养成是依靠行动的。你只有真正开始这样做了才会培养起习惯。

宇宙最伟大的定律即是惯性定律。要成功其实不难，只要不断重复简单的事情，养成习惯就行了。

研究表明，在一个人一天的行为中，大约只有5%是属于非习惯性的，而剩下的95%的行为都是习惯性的。根据行为心理学的研究结果：3周以上的重复会形成习惯；3个月以上的重复会形成稳定的习惯，即同一个动作重复3周，就会变成习惯性动作，继而形成稳定的习惯。

亚里士多德说：“人的行为总是一再重复。因此，卓越不是单一的举动，而是习惯。”

而快乐是可以练习的。一位长者的快乐方法是，每天早上醒来后，要做的第一件事就是对着镜子微笑，谢谢又给了我一天。晚上也让自己带着微笑入睡。他说，“如今我已快乐成性了。”

基于刺激某种感情，就能产生某种感情，心理学家甚至建议人们有时不妨假装快乐、假装幸福、假装英俊，而事实多半也支持了他们的“馊主意”。那些这样去做的人大都改变了心境，改善了业绩，也随之改变了命运。

八、我是一个笑口常开的老人

若问，“快乐这门人生要学的主修课，你学得怎么样?”我会笑着告诉你，“本人实属满脸幸福，随便一笑，就把空气里的阳光搅得稀巴烂的一类。”再问，“你都学到了什么让你如此快乐?”我的回答是，“第一，我明白了‘快乐之理’，本章前边几条说的是我的认识；第二，我找到了自己的‘快乐之道’。下边要说的是我的实践。”

（一） 自我感觉良好 乐上眉梢

我发现，凡能引起我“感觉良好”的观点和说法，大多有“扬我之长避我之短”的特点。所以，我就有意识地联系自己之“长、短”，留心那些让我“长心气”的说法，并把它们熟记心间，经常玩味。比如，我喜欢说，“我生得不漂亮，但我活得漂亮”。针对自己天资一般，才气平平，就记下了“大花，小花，无法成为No. 1，没关系，努力当特别的Only one就好”“像是小庙里的和尚，是独一无二、值得骄傲的小和尚”。而“特别的Only one”和“独一无二的小和尚”，让本来就看重特立独行的我，因这具体化的形象而更多了良好感觉和自信。

我还着重联系自己现实生活中所拥有的一切，找到更高明更生动活泼的说法，让自己的“良好感觉”得到支持。

比如，阅读中，我看到了一段有关国王精神享受的话，立即联系自己，一下有了国王般的感觉。文章说："国王的精神享受有三，一是有成就感；二是有自由度；三是有追随者。"我想，第一条，我虽没有王业之成，但老来做课题、搞项目、旅游、出书，心里常有小小的成就感；第二条，我虽没有权的自由，但我没有负担，且有充分的身心自由；第三条，我虽没有臣民追随，但我有朋友、有学生，其中不乏自称是我的"粉丝"。这 3 条我都有，我在精神上得到了同国王一样的满足。

你说，我怎能不让"一只过路的蝴蝶也要染上我的快乐"呢！

（二）知足感恩 喜从心来

一个人如果能够做到"吃得下饭，睡得着觉，笑得出来"，应当说是件不容易的事。因为，这需要他的身心健康，需要他有自由和安全感以及财政状况不错等等。而我如今可是天天都能这样啊！所以，我知足，我高兴。

还有，人需要亲人的交流，需要被朋友记住，要有自尊并受到他人的尊重。这些我也一样不少。

我和我的两个女儿如同好朋友一般。我们之间可以无话不说，且谁都爱听对方说话。世上有多少母亲能体验到如此难得的亲情?！我有朋友，其中不少是我的"小朋友"——我当老师时教过的学生。我住进养老院后的第一个春节，竟有 18 个人来拜年。被朋友想着记着温暖着我，

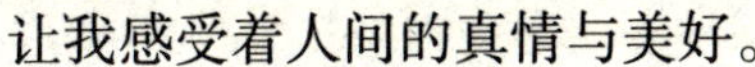
让我感受着人间的真情与美好。

一个美国人说他的邻居："像这样的老人是不多的。去过那么多地方，留下那么多美好的回忆，儿孙们年年回来看她，有自己的情趣、自己的心愿，不空虚、不寂寞，没有悲伤、没有悔恨，真够幸福了！但毕竟摊到每个人头上的这种概率是微乎其微的。"我应当算得上是摊上这种概率的一个老人了！

所以，我时时觉得自己活在"世间不寂寞，好事多多。老来像神仙，快快活活"之中。

当我为自己拥有的一切感觉知足之时，从来都有一股深深的感恩之情与之相随。因为我知道，一切并非理所当然，我并不是就"该"得到这些的呀！

美国知名的盲姑娘海伦·凯勒说过这样一段话，提醒人们要多有自觉。她说：

"……我认识到我是一个多么自私和贪婪的姑娘，我要把我的幸福之杯装满得都溢出来了，而不想一想多少人的杯子还是空空的。我为我的自私自利感到由衷的羞愧。我最难克服的一种幼稚的幻想就是，只要把希望表达出来，就会得到实现。但我现在慢慢懂得了世界上没有那么多的幸福，让每个人都能得到他所需要的。我竟然忘记了我所有的已经超过了我的一份……"

联想自己，蒙上天的厚爱，与造化对我的不薄，我所得到的也已经装满溢出，超过了我的一份！

我的人生经历也让我对自己拥有的一切念念不忘

感恩。

先是我的“大命”。本来活着就是幸福，而我竟然因为捡了一条23岁时本应死于“失败手术”的“大命”，能在这个世上多活了半个多世纪。我理应格外珍惜生命，格外懂得感恩。

作为一个女人，我带着胸腔里“危险隐患”的塑料球，在生命的小船上沿着正常的航向前行。结婚、嫁为人妻、孕育生命，完成了一个女人对自己生命极限的挑战。想到这些，我对上天、对我的父母、我的丈夫、我的女儿、我的亲人和友人永远感激不尽。

作为一个在中央单位工作的教育科研人员，在我走过的大半个中国里，接触了太多的既富敬业精神又有才华有能力的教师干部，他们许多人在没有人注重的地方默默地耕耘，“自开自落”，没有机会展现自己的才能和活力而埋没终生。逢此时刻，我不由对这个世界又多了一份感激。因为自己这朵平凡的花，竟幸运地开在了首都北京，从小就有那么多的机缘受到青睐与关注。

记住别人的好，不忘表达自己的谢意，已经成了我的习惯。

粉碎“四人帮”后，我最先做的一件事就是，对“文革”中我遭罪期间，对我有过同情和帮助的同事，以各种方式，表达了我的真心感谢。

这些年来，过春节的时候，我有一项特别在意的活动，就是从除夕上午开始按我列出的名单给亲朋友人打出祝贺他们新春快乐的电话。同时，把所有打进来给我拜年的电话也一一笔录，让自己记住友人对我的挂念。

住在养老院里，对每天给我打扫房间的卫生员和一天三顿把饭菜送到屋门口的服务员，我从不忘记说声“谢谢”。

而我每每在这种彼此好意的互动中感受到美好与快乐。

也许，给我们帮助的人并不期待回馈或报答，但并不表示受惠者就可以因此而忽略对方的付出。心里若不记别人的付出，其实是自己的损失。因为表达自己的感恩或接受对方的感恩，都会因其真诚而收获人间的甘泉。

知足感恩，喜从心来。知足感恩，让我活在幸福快乐的生命道场之中。

（三） 积累快乐资本

要想保持长远持久的快乐，需要人在身心方面有底气，需要不断积累快乐的资本。

我的体会是：

1. 让自己不断小有进步

自我感觉良好，对自己满意会给人带来快乐，同时也是快乐的表现。所以，当我通过看书学习、思考人生，感觉自己对世道人心有了更多的洞晓，感觉自己经常能够有新的收获之时，我的日子过得充实且有盼头，快乐之心也随之而至。

正是我的精神世界不断有所补充，让我有了发自内心的快乐源泉。

2. 让自己对别人“有点用”

我知道，我周围的人和我的学生常常惦记着我的主要原因是喜欢我“生命充满热情”以及坚信“只要开始永远不晚”的执着。与我交往的人在给我带来快乐的同时，也经常会从我这里带走快乐。

我老了，已经做不了什么贡献了，能以自己的活法给别人以启示，感觉自己还“有点用”，这是多么让我快慰的事啊！

我将保持自己的特色活法，让快乐随我“定居”，并与友人分享。

3. 做自己喜欢且能全神贯注的事

我发现，当我拿起一本好看的小说，废寝忘食地阅读时，心里那种高兴自得，真是不可言传。正如作家奥尔德斯·赫胥黎所说，“快乐是一种副产品，是你在做其他事情的过程中获取的东西。”当人们专注地从事某项活动，诸如琴棋书画、编织、木工、电脑编程、运动等等，你就会进入一种全神贯注的状态，就会产生满足感，快乐也由此而生。

我现在最喜欢做的事是读书、写作和做“数独”。我觉得做这些事是一种享受，我会从中得到快乐。但做“数独”一项我对自己严加控制。因为太费工夫，且一上手几乎总是放不下来。影响了吃饭睡觉，打乱了生活秩序。我只不定时地找个理由，让自己尽兴玩一回。

4. 坚持每天运动

我每天早晨在室内做自编操20多分钟。晚饭后到户外散步一小时。这项健身活动到如今已经坚持了三十多年。

晚间散步好比是我的健康“投资”。算来，这笔“投资”已付给了我相当可观的“利息”：这些年我身体没什么大的疾患，没有因病住过一天医院，平时也很少头痛脑热之类。当然，这些成绩不能全归功于散步，但它起了很大作用则是肯定的。至于腿脚的灵便却全属“走功”无疑了。

每天的散步还让我得以尽情享受大自然的灵性：春有百花秋有月，夏有凉风冬有雪，使人心中充满新的喜悦与期盼。

我体会，走出家门到天地间去活动，每一步你都在与自然界交换着能量，每一步又都在为自己积聚着信心和活力。

天寒地冻，当我一次次离开暖洋洋的房间，健步走热了全身，冬天因我生命的流动而不再寒冷时；夏日酷暑，我迈着均匀的快步，神清气爽地穿过挥扇乘凉的人群时，我屡屡为大自然赐予的百般滋味而心怀感激，也为自己的活跃与执着而欣喜自豪！

运动确实使人快乐。研究表明，运动会使大脑基因中一种名为 VCF 的物质发挥作用，从而产生强劲的抗抑郁反应，科学家利用锻炼激活 VCF 基因，来作为治疗抑郁症的辅助手段。

（四）“安排”快乐想法

前些年，我还没太老的时候，在一篇文章中看到，一位美国老太太琼斯夫人进到养老院以后，人们问她感觉怎样，她眉飞色舞地说，她满意她的房间，喜欢房间里的家具和布置。可人们知道，琼斯夫人双目失明，她并没有看到这些呀。她知道大家的疑问，回答说，“快乐是我事先决定好的。我喜欢不喜欢我的房间并不取决于家具是怎样安排的，而在于我怎样安排我的想法。我已经决定喜欢它。”

我当时就觉得，这位老人家实在高明。我要向她学习，而且现在就学。几年下来，她的“安排想法”的招数，还真进到了我的心里。

我入住养老院之前，想到以后将有现成饭吃，不用我天天再为吃什么东西费神，不用下楼采购，不用在厨房忙乎洗菜做饭，不用刷锅洗碗、收拾灶台。仅这一项，就让我对即将开始的养老院生活做了如下“安排”：我真心地喜欢，我将百分之百地满意。

有了这种想法垫底，入住后发现，不仅是吃饭上让我满意，养老院提供的其他有关的服务和关怀也是高水平的。所以，我的满意和高兴的程度一下由原来的百分之百“安排”成了百分之二百。

一次参加院里征求意见的座谈会。知道原来老人们对伙食的供应有不少意见。弄得我这个处处都觉满意的个别者，在会上没敢出声。

其实，大家提出的意见大都有根有据，没有过分的要求。只不过，我在自己的“安排”下，对这些忽略不计，只剩下满意罢了。

我的“安排”基于两点。一是在养老院里吃饭，给我省出了大把的时间，这一点是我最为看重，最觉欢喜的。二是养老院里的饭食再怎么说也是“大锅饭”，我不拿自家做的“小锅饭”与它比较。“小锅饭”总能更符合自家的口味和习惯，这点“大锅饭”难以做到。可是，谁都知道，这“小锅饭”你要花多少时间，费多少心思，包括你跟保姆打交道的麻烦。既想得到“大锅”的便利，还不想没有“小锅”的随心，这世上哪有那么多“皆备于我”的事。所以，我并非嘴不好使，品不出一点毛病。我是把享受“大锅饭”的好，放在前头、列为重点而“安排”出了一个百分之百的满意。

我的这种“安排”将继续下去，永远让自己笑口常开。